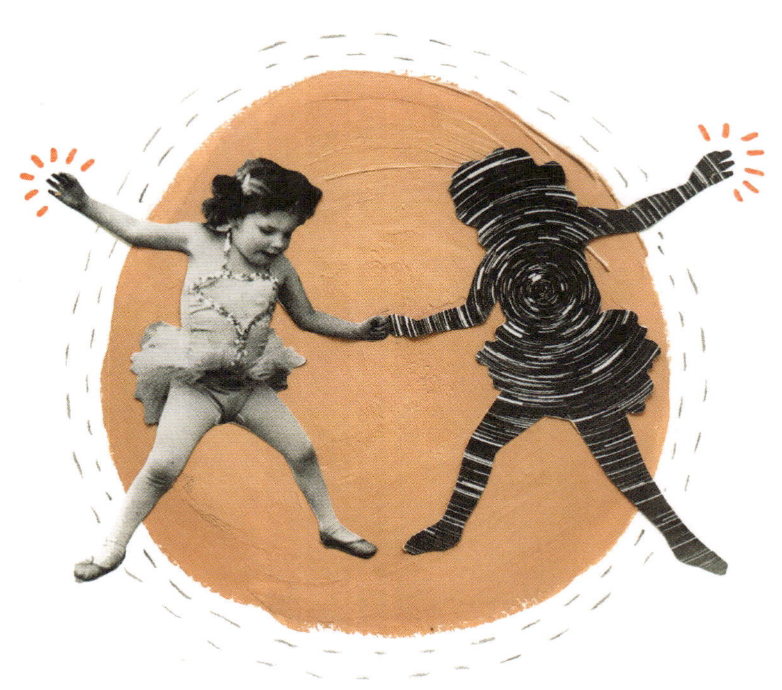

Haupt
GESTALTEN

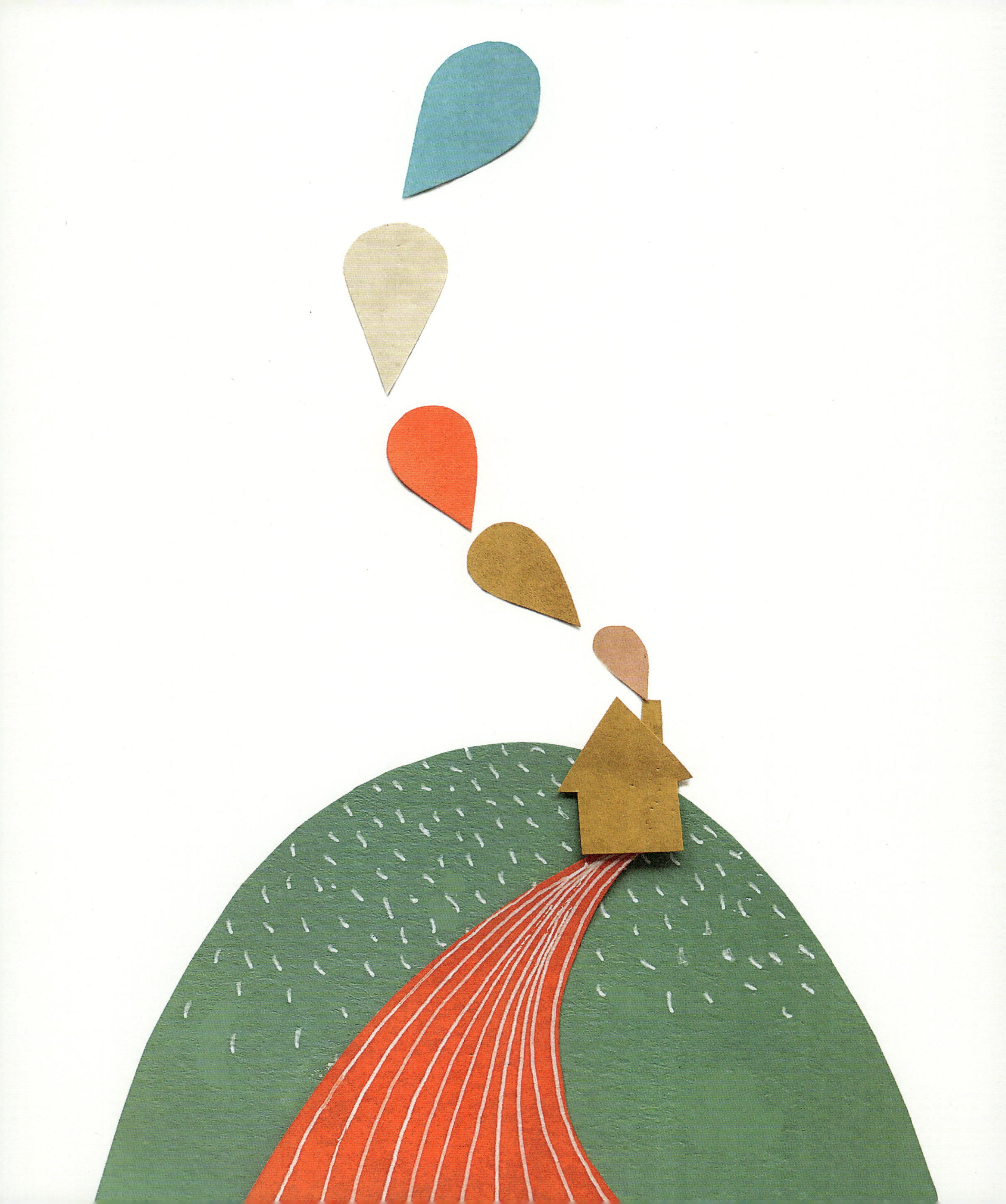

SCHNEIDEN KLEBEN COLLAGIEREN

SO ENTSTEHEN KUNSTVOLLE COLLAGEN AUS PAPIER

HOLLIE CHASTAIN

HAUPT VERLAG

1. Auflage: 2018

ISBN 978-3-258-60192-2

Aus dem Englischen übersetzt von Birgit Lamerz-Beckschafer, DE-Datteln
Lektorat der deutschsprachigen Ausgabe: Anja Fuhrmann, DE-Berlin
Umschlag und Satz der deutschsprachigen Ausgabe: Die Werkstatt Medien-Produktion GmbH, DE-Göttingen

Die englischsprachige Originalausgabe erschien 2018 unter dem Titel *If you can cut, you can collage* bei Quarry Books, einem Imprint der Quarto Group. 1 Triptych Place, London SE1 9SH, United Kingdom.

Gedruckt in China

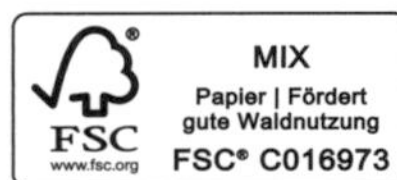

Um lange Transportwege zu vermeiden, hätten wir dieses Buch gerne in Europa gedruckt. Bei Lizenzausgaben wie diesem Buch entscheidet jedoch der Originalverlag über den Druckort. Der Haupt Verlag kompensiert mit einem freiwilligen Beitrag zum Klimaschutz die durch den Transport verursachten CO_2-Emissionen. Dabei unterstützt der Verlag ein Projekt zur nachhaltigen Forstbewirtschaftung in der Zentralschweiz. Wir verwenden FSC®-zertifiziertes Papier. FSC® sichert die Nutzung der Wälder gemäß sozialen, ökonomischen und ökologischen Kriterien.

Diese Publikation ist in der Deutschen Nationalbibliografie verzeichnet. Mehr Informationen dazu finden Sie unter http://dnb.dnb.de.

Der Haupt Verlag wird vom Bundesamt für Kultur für die Jahre 2021–2024 unterstützt.

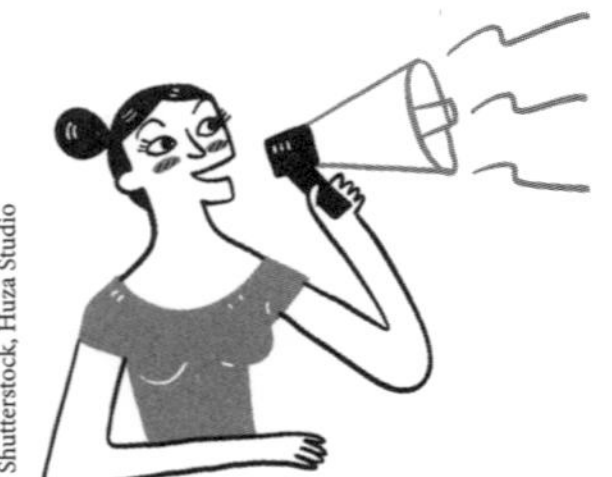

© Shutterstock, Huza Studio

Sie möchten nichts mehr verpassen?

Folgen Sie uns auf unseren Social-Media-Kanälen und bleiben Sie via Newsletter auf dem neuesten Stand.

www.haupt.ch/informiert

Wir verlegen mit Freude und großem Engagement unsere Bücher. Daher freuen wir uns immer über Anregungen zum Programm und schätzen Hinweise auf Fehler im Buch, sollten uns welche unterlaufen sein.

www.haupt.ch

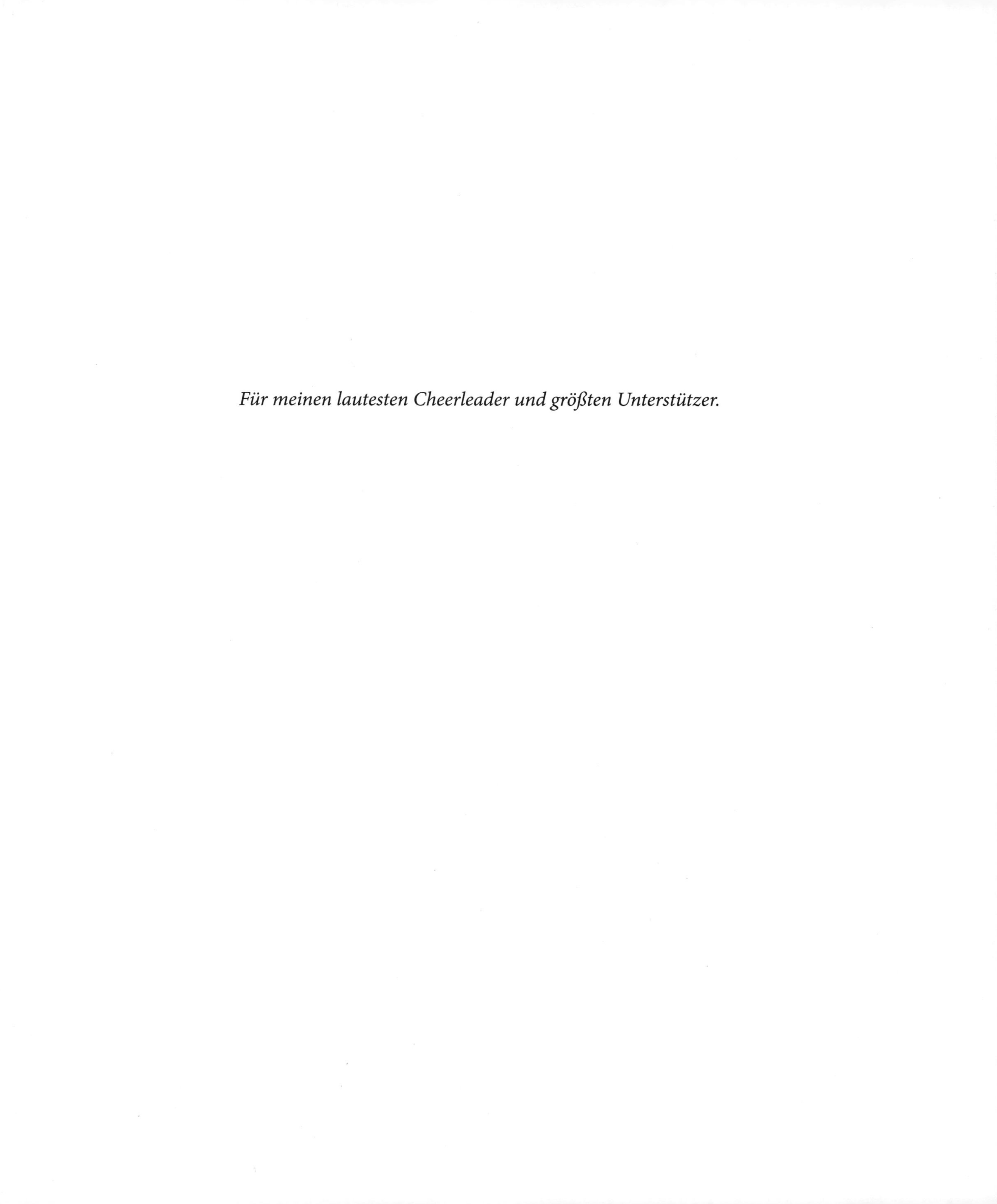

Für meinen lautesten Cheerleader und größten Unterstützer.

INHALT

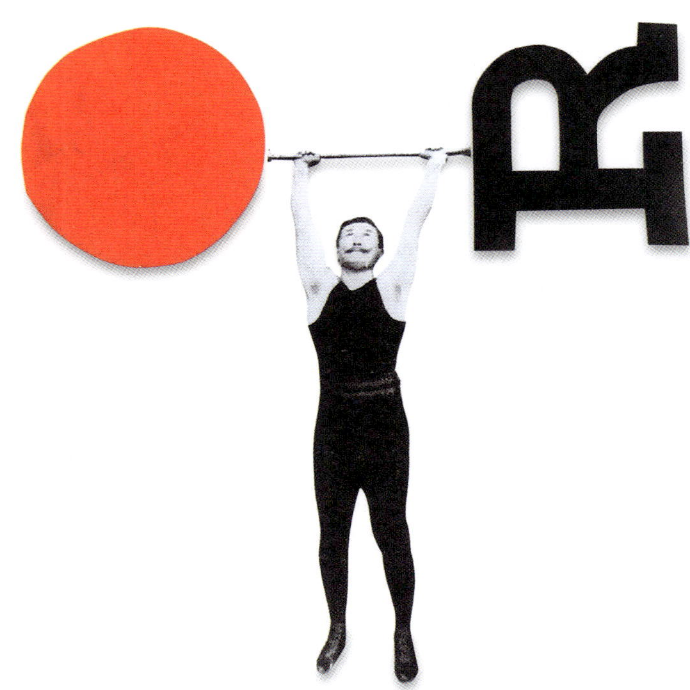

1 ERSTE SCHRITTE

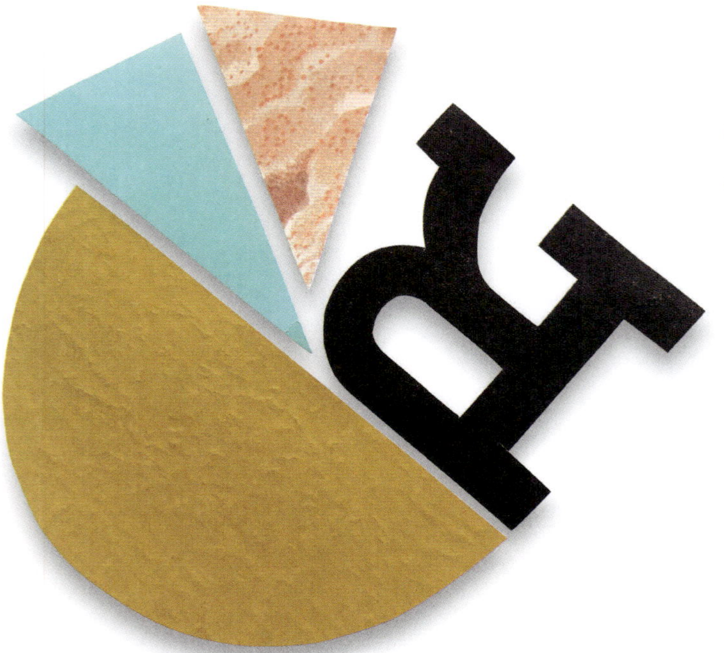

2 TECHNIKEN

3 GRUNDREGELN FÜR DEN BILDAUFBAU

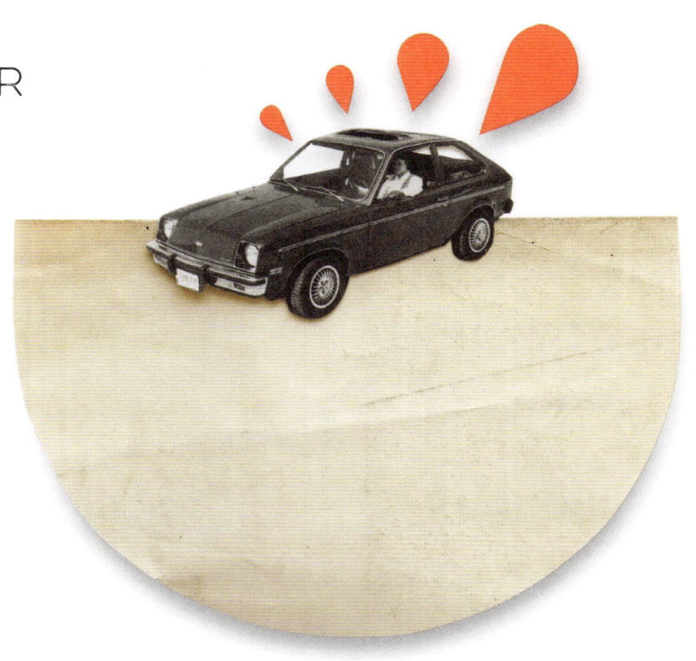

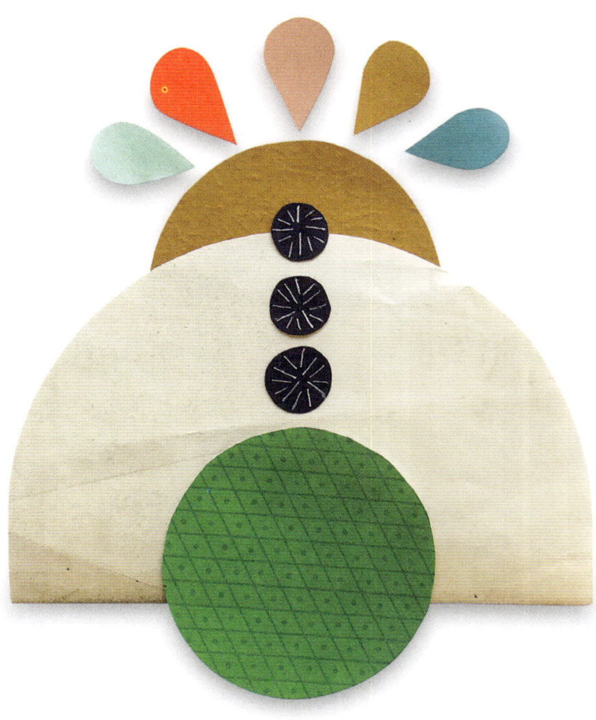

4 SIE SIND DRAN! ÜBUNGEN UND PROJEKTE

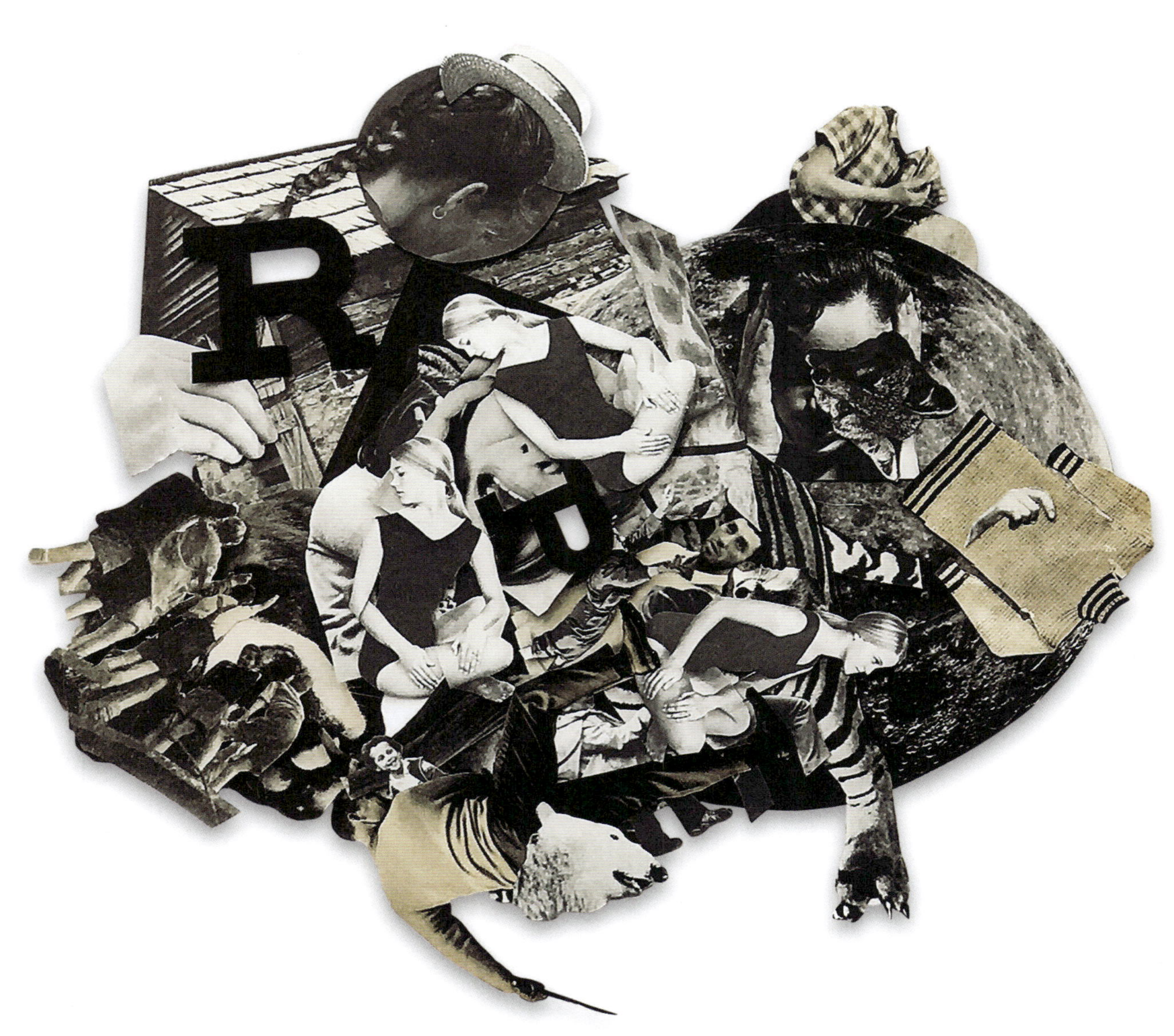

EINLEITUNG

PAPIER – EINE LIEBESERKLÄRUNG

Würde ich einen Liebesbrief an Papier schreiben, müsste er selbstverständlich von Hand geschrieben sein, mit Bleistift und natürlich auf alten, vergilbten Notizbuchblättern. Schöner können Briefe nicht sein. Seit Jahren sammle, nein horte, ich faszinierende Papierstücke, ohne immer gleich zu wissen, was ich damit anfangen will. Ich möchte diese Schnipsel einfach anschauen können, wann immer mir danach ist. Ich finde sie heute noch so inspirierend wie damals, als ich sie entdeckte, und ich möchte Sie ermutigen, sich genauso beflügeln zu lassen. Schnappen Sie sich einen Stapel alter Musikzeitschriften, das Buch mit den Abdrücken von Hundezähnen auf dem Einband oder die Tapetenreste aus dem Kellerregal. Machen Sie sich einen Kaffee, geben Sie Ihrer Kreativität einen Schubs und schenken Sie dem wunderbaren Papier ein neues Leben.

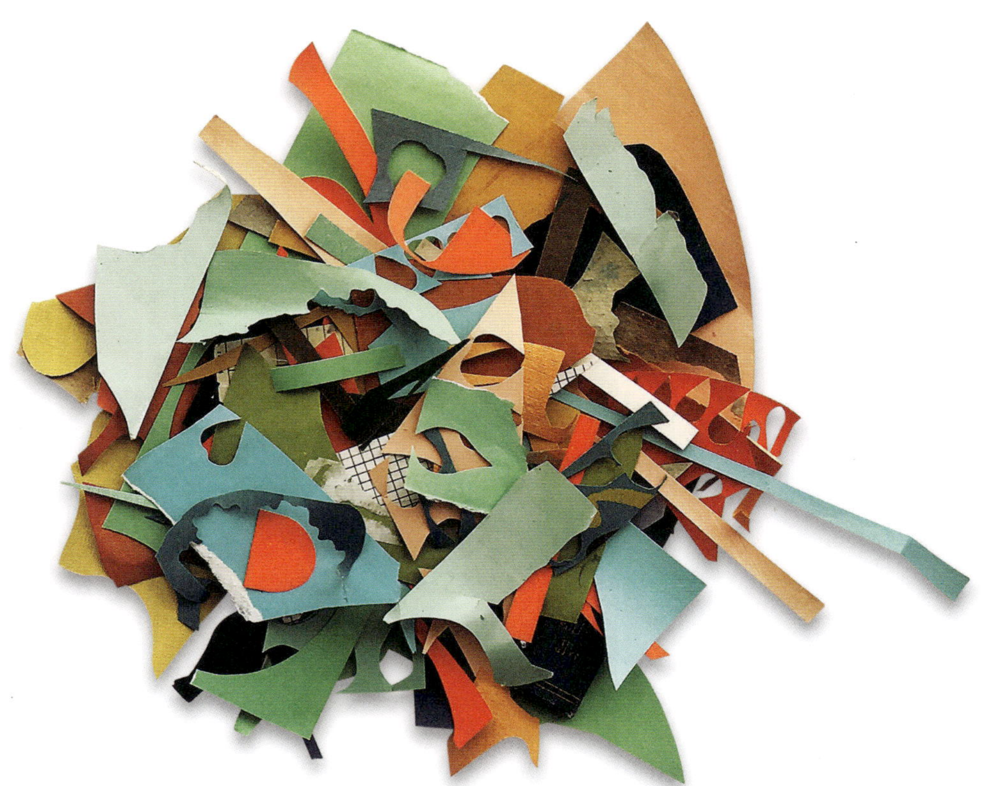

1 ERSTE SCHRITTE

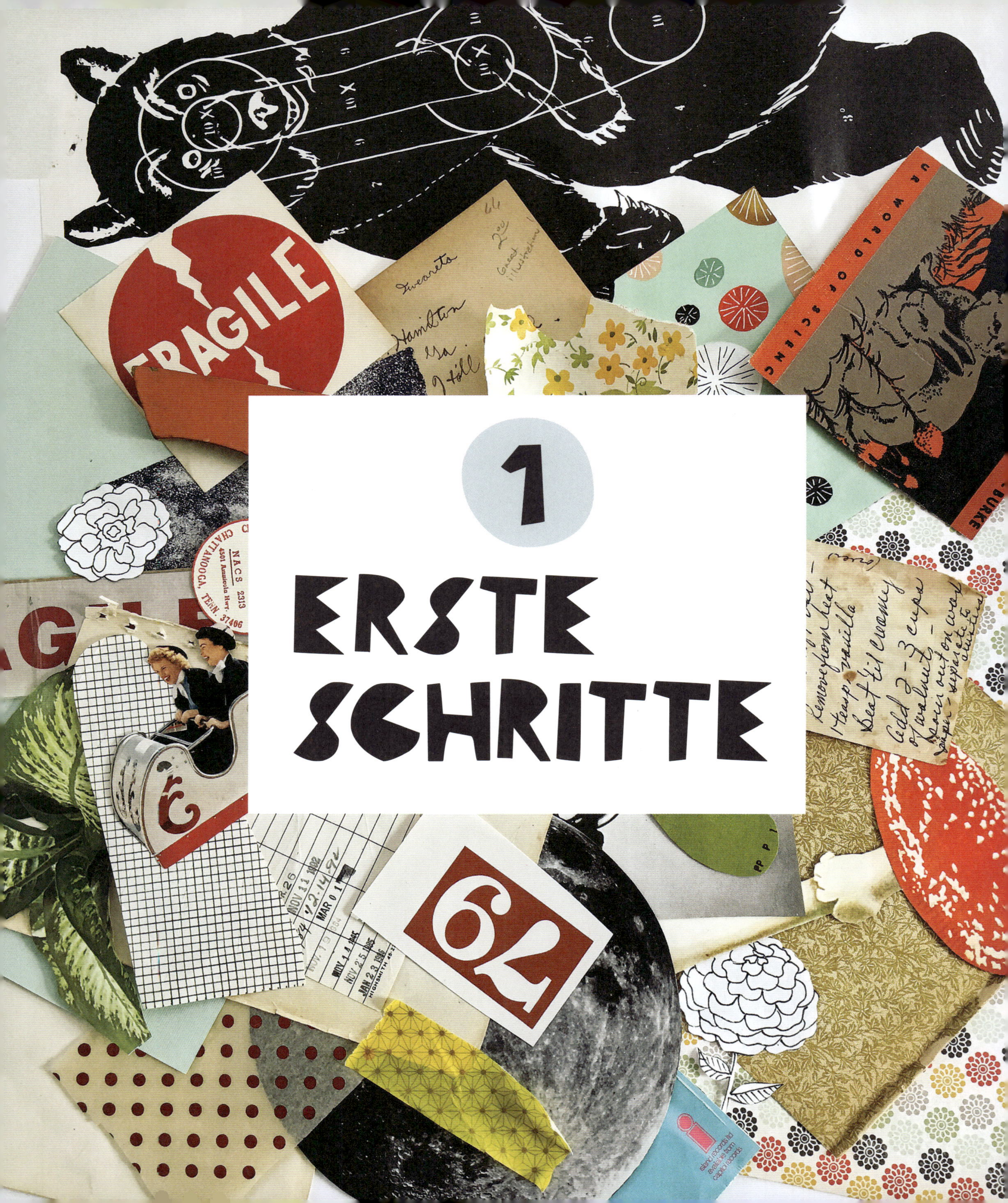

MATERIAL

Als ich anfing, mich mit Collagen zu beschäftigen, drehte sich alles um Material. Schon bevor ich Collagen als Medium entdeckte, besaß ich ganze Kartons und Schubladen voll mit Papierschnipseln, die ich irgendwann gesammelt hatte, weil sie mir gefielen. Ob Farbmuster, grafisches Dessin, Schrifttype oder Zeitschriftenausschnitt – all diese Dinge bedeuteten mir etwas. Alle hatten etwas mit *mir* zu tun. Als ich dann anfing, diese Schnipsel zu verwerten, hatten die Arbeiten etwas mit *mir* zu tun. Eine Besonderheit von Collagen ist, dass die Materialien, die Sie dafür verwenden, Ihr Werk einmalig und sehr persönlich machen. Es gibt so viele Optionen, dass ich sie hier unmöglich alle auflisten kann, aber die Liste ist ein Anfang.

Auf den nächsten Seiten lernen Sie Material für folgende Techniken kennen:

SCHNEIDEN

Scheren (groß/klein)
Bastelcutter (mit verschiedenen Klingen)
Schnitzwerkzeug für Linol- und Holzschnitt

MESSEN

Schneidmatte
Lineal
Pergamentpapier
Kohlepapier

FARBEN UND LINIEN

Stifte (weiß/schwarz)
Grafitstift
Acrylfarben
Gouache
Aquarellfarben
Pastellkreiden
Wachsmalstifte
Buntstifte
Tusche
Aquarellstifte
Marker
Sprühfarbe

STEMPELDRUCK

Stempel
Stempelkissen
Druckstock aus Holz
Linolplatte
Farbwalze aus Gummi
Schwamm

KLEBEN

Klebestift
Gelmedium
Klebeband
Mod Podge
Nori Paste
Kleister

MATERIALSAMMLUNG

Knöpfe
Holzstäbchen
Fäden
Nadeln
Klebeband
Federn
Filz
Pailletten

TRÄGERMATERIALIEN

Buchdeckel
Holzplatte
Leinwand
Karton
Aquarellpapier
Bristolkarton (hochweiß, glatt)
Papierreste

PAPIER ETC.

Pergamentpapier
Grafitpapier
Papierreste
Zeitschriften
Buchseiten
Designpapier
Stoff

SCHNEIDEN

Ob Sie lieber mit der Schere oder einem Cutter schneiden, bleibt Ihnen überlassen. Probieren Sie für gerade Linien, Rundungen und unregelmäßige Fantasieformen am besten beides aus und entscheiden dann, was Ihnen eher liegt. Darüber hinaus lohnt sich die Investition in Lochzangen und Bastelscheren mit dekorativen Schnittkanten für witzige Akzente und Details. Für eigene Druckstöcke brauchen Sie außerdem Schnitzwerkzeuge.

MATERIAL

- Scheren (groß/klein)
- Bastelcutter (mit verschiedenen Klingen)
- Schnitzwerkzeug für Linol- und Holzschnitt
- Lochzange

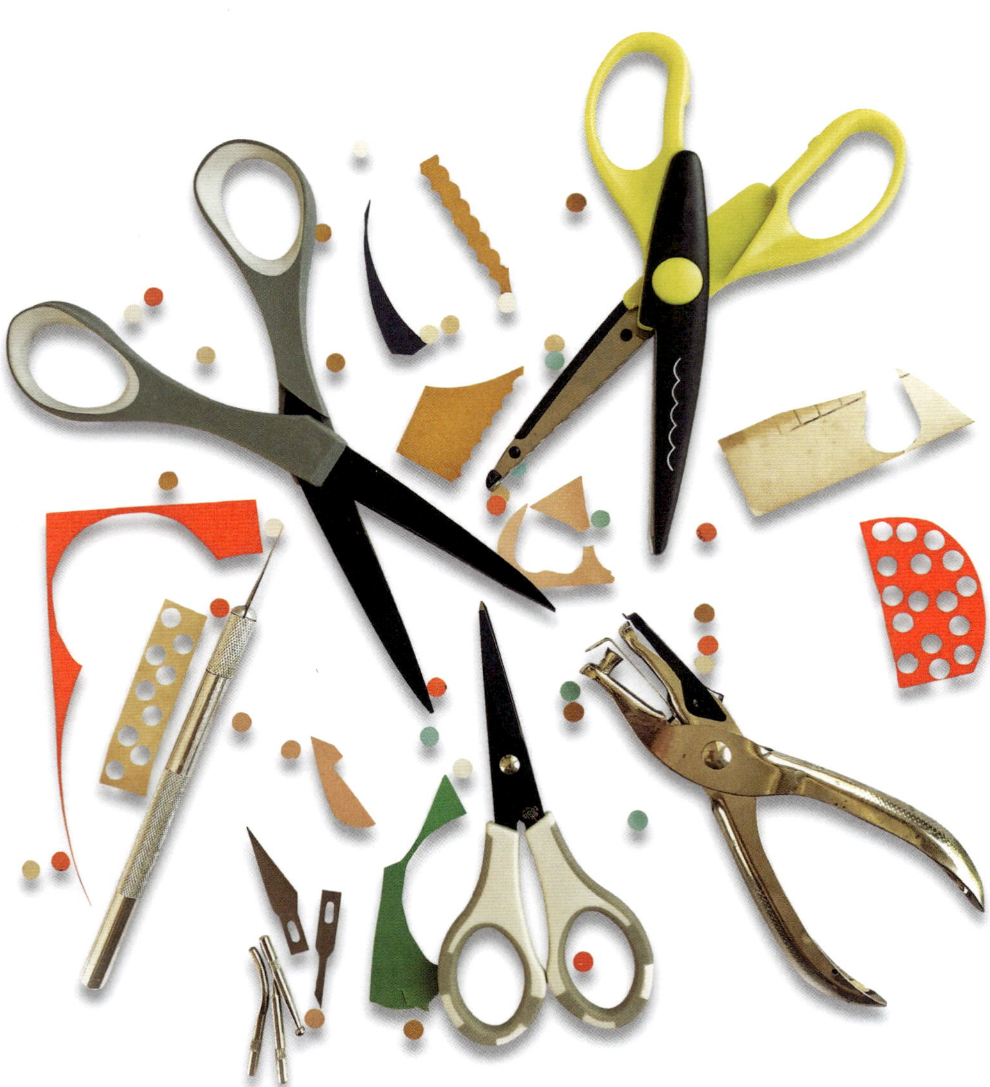

MESSEN

Die folgenden Utensilien benötigt man zum Anfertigen von Schnittvorlagen und zum Schneiden gerader Linien mit dem Cutter. Sie helfen dabei, komplexe geometrische Papierformen akkurat aneinanderzufügen und bei Bedarf perfekte Kreise und Quadrate vorzuzeichnen. Die exakte Mitte zu finden oder einen Rahmen zu ziehen, geht viel leichter, wenn man sich nicht auf Schätzungen verlassen muss.

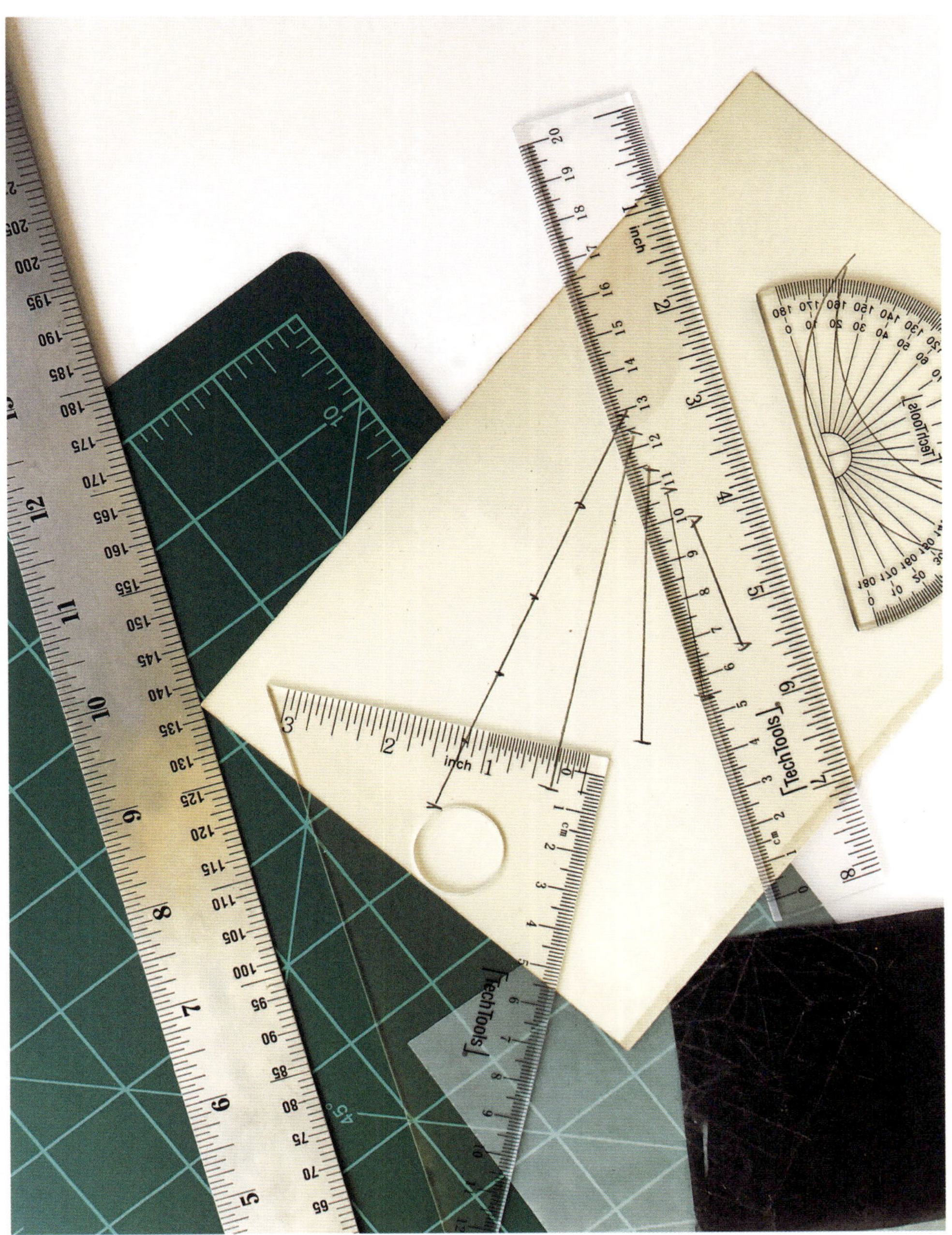

MATERIAL

- Schneidmatte
- Metalllineal
- Transparentes Plastiklineal
- Winkelmesser
- Pergamentpapier
- Kohlepapier

FARBEN UND LINIEN

Zeichen- und Malutensilien gibt es in so riesiger Auswahl, dass sie sich für Experimente und Spielereien geradezu aufdrängen. Für Ihre Collagen finden Sie in dieser Wundertüte Materialien in allen Farbtönen und Texturen von wachsartig bis pastos, mit denen Sie Ihr eigenes Designpapier herstellen, Bögen bemalen, gezeichnete Elemente hinzufügen, schöne Hintergründe gestalten, Geschichten erzählen und gestaffelte Ebenen anlegen können.

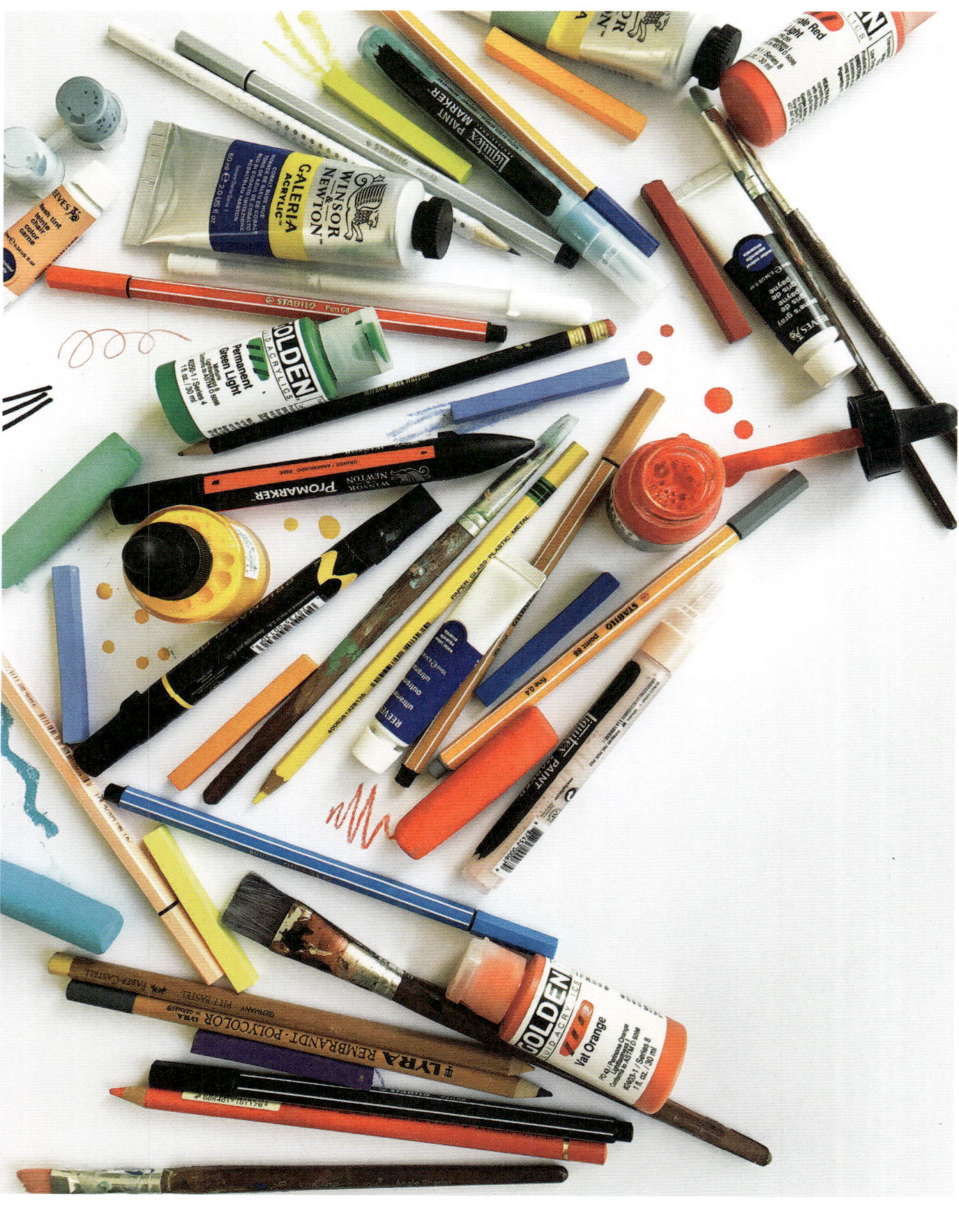

MATERIAL

- Stifte (weiß/schwarz)
- Grafitstift
- Acrylfarben
- Pinsel
- Gouache
- Aquarellfarben
- Pastellkreiden
- Wachsmalstifte
- Buntstifte
- Tusche
- Aquarellstifte
- Marker
- Sprühfarbe

STEMPELDRUCK

Mit Stempeln und Druckfarbe lassen sich Collagen durch bildschöne Hintergründe, perspektivische Ebenen oder zusätzliche Texturen und Farben bereichern. Sie können fertige Stempel kaufen oder einfach weiche Schwämme oder härtere Materialien wie Holz oder Linoleum einsetzen. Selbst gestaltete Stempel aus Holz, Linoleum oder PVC sind etwas arbeitsaufwändiger, können aber als stilprägendes, persönliches Element in Ihren Arbeiten dienen, etwa wenn Sie ein Druckmotiv je nach Kontext auf unterschiedliche Weise einsetzen. Schwämme liefern interessante Texturen, aber auch ganz andere Materialien von Wattebäuschen über Blätter und Weinkorken bis zu Kartoffeln bieten sich als Druckstöcke an.

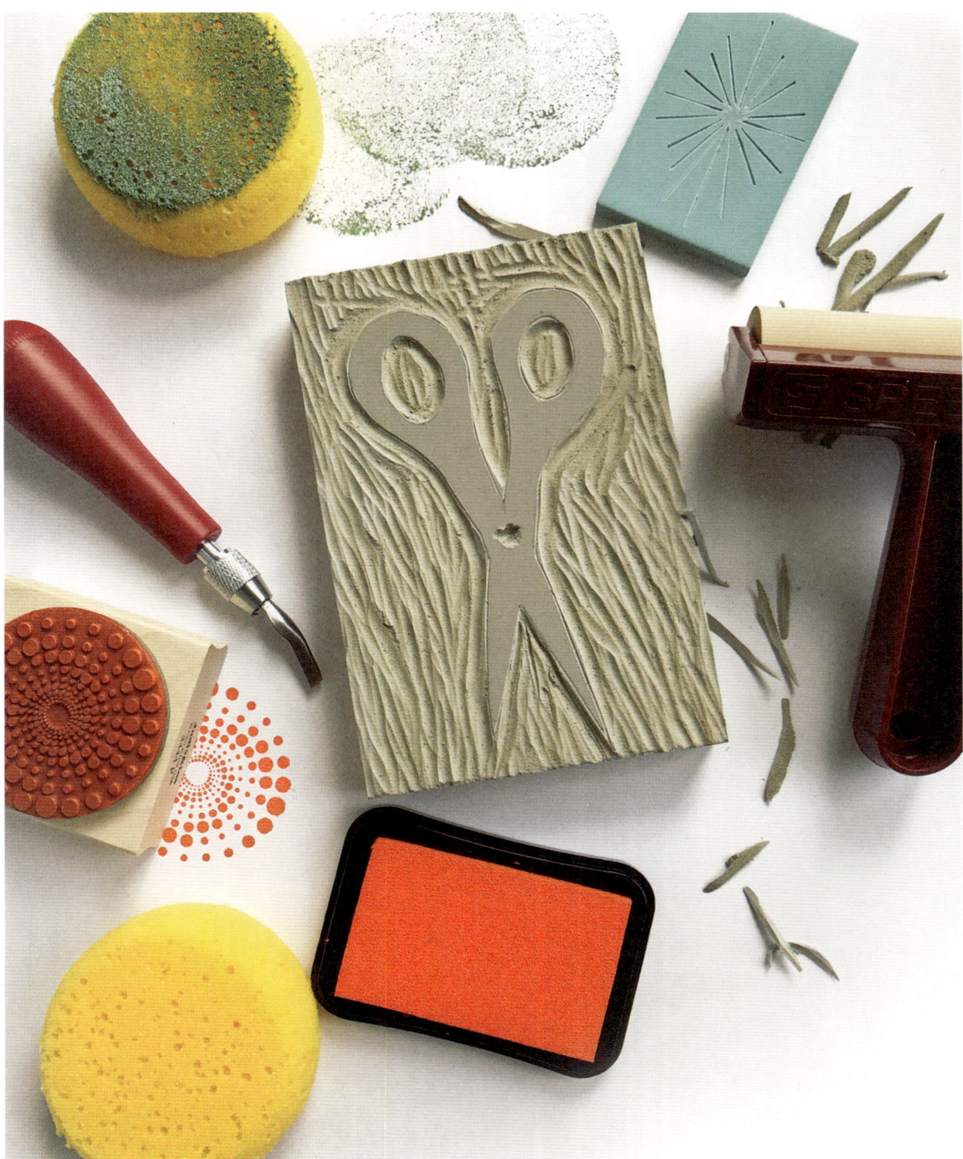

MATERIAL

- Stempel
- Stempelkissen
- Druckstock aus Holz
- Linolplatte
- PVC-Block
- Gummifarbwalze
- Schwamm

KLEBSTOFFE

Probieren Sie am besten verschiedene Klebstoffe aus. Je nachdem, welche Techniken Sie bevorzugen, bleiben wahrscheinlich irgendwann ein oder zwei Materialien übrig, die sich dafür am besten eignen. Nachdem ich angefangen hatte, Collagen auf Holzplatten anzufertigen, begnügte ich mich jahrelang mit Gelmedium. Seit ich aber mit einem UHU Stic Klebestift auf Papier aller Art ebenso wie auf Papier und anderen Materialien experimentiert habe, bin ich davon ganz begeistert. Welcher Kleber sich für ein Projekt am besten eignet, richtet sich nach Träger und Material. Für Papier auf Papier reicht ein Klebestift oder Klebestreifen meist völlig. Wenn Sie aber ein mehrlagiges Bild auf eine Holzplatte oder Leinwand bringen wollen, lassen sich die Lagen oft besser mit Gelmedium oder Mod Podge schichten. Wollen Sie schwere Gegenstände wie Holzbuchstaben oder Kartonstücke auf massiven Unterlagen wie Holz befestigen, sollte es zähflüssiger Acrylklebstoff sein.

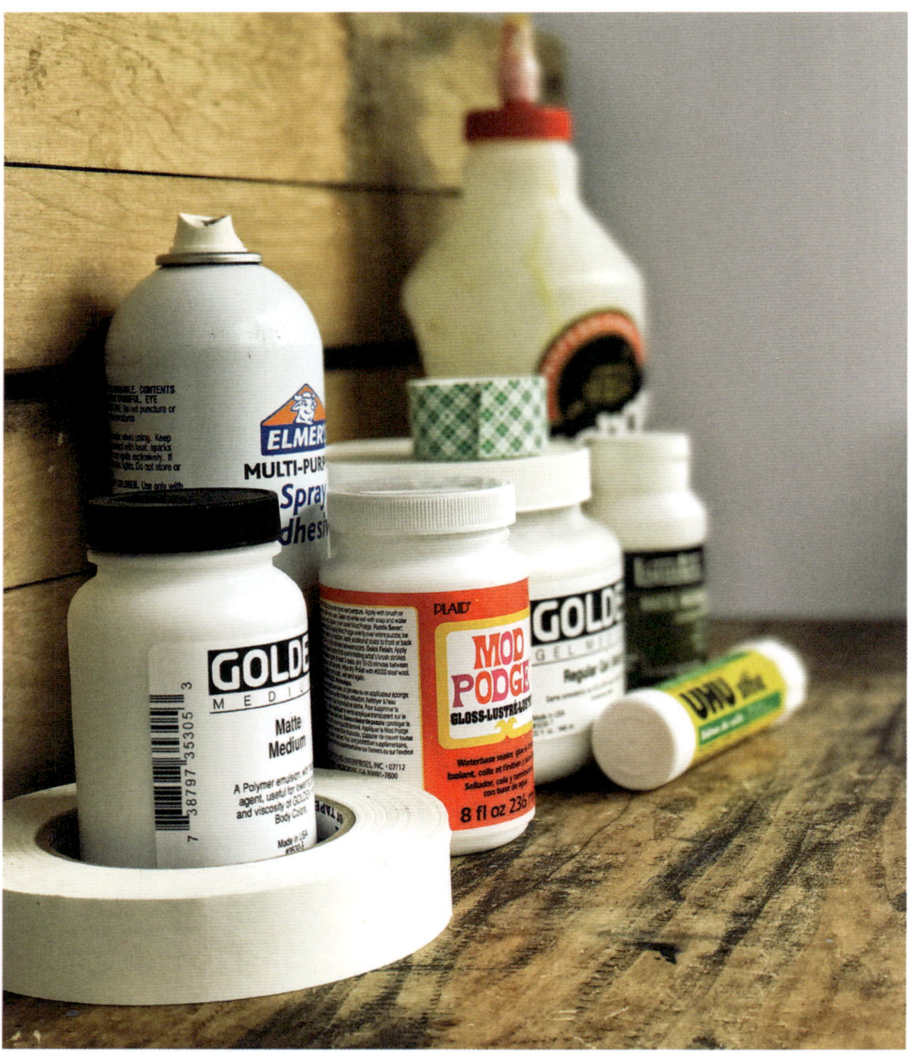

MATERIAL

- Klebestift
- Gelmedium
- Klebeband
- Klebepunkte
- Mod Podge
- Nori Paste
- Kleister
- Acrylkleber
- Schaumklebepunkte
- Holzleim

MATERIALSAMMLUNG

Mit Schichtungen und Lagen arbeiten viele Kunstformen, aber gerade Collagen wirken durch plastische Texturen attraktiver. Wenn ich die Hauptfläche aus Papier, Farbe und Klebstoff aufgebaut habe, hole ich manchmal meine Kramkiste hervor und suche mir etwas heraus, das Textur, Tiefe oder Glanz verbreitet, wie ein Schleier wirkt oder ein natürliches Element beisteuert. So ein kunterbuntes Allerlei kann alles Erdenkliche enthalten. Oft horte ich reizvolle Dinge, auch wenn ich sie im Moment gar nicht brauche, denn nach meiner Erfahrung entpuppen sie sich eines Tages als genau das, was ich suche. Klassiker sind Fäden, Nadeln, Garne, Gewebe und Holzteile.

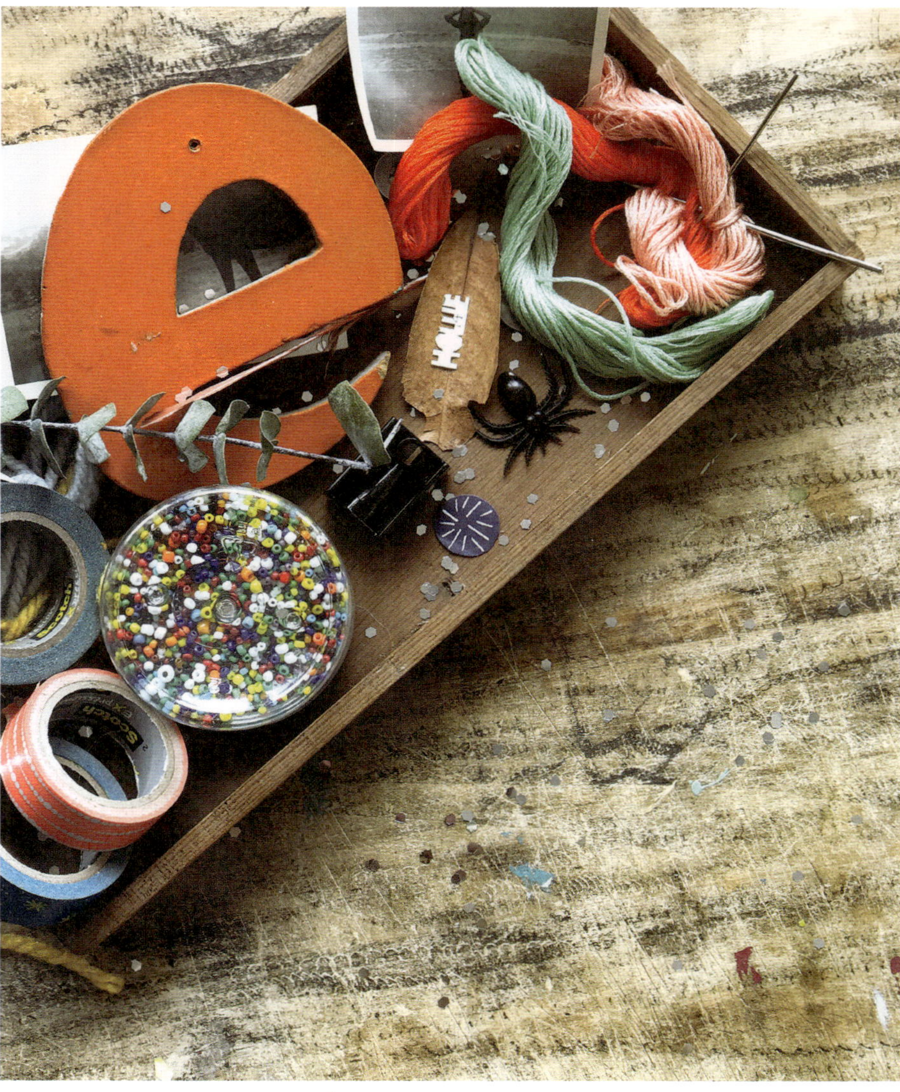

MATERIAL

- Knöpfe
- Holzstäbchen
- Fäden
- Nadeln
- Garn
- Klebeband
- Federn
- Textilien
- Filz
- Pailletten

TRÄGERMATERIALIEN

Auch in dieser Kategorie spiegelt die Liste meine persönlichen Vorlieben, aber im Grunde genommen ist sie endlos. Genau wie zum Malen eignet sich auch für Collagen so gut wie jeder Untergrund vom Lampenschirm bis zur Tischplatte. Bei der Wahl des Trägers zu bedenken sind Dicke und Gewicht der Elemente, die darauf befestigt werden sollen, und der entsprechende Kleber. Für leichte Collagen aus Papierstücken, die ich mit einem Klebestift befestige, reicht ein etwas stärkeres Trägerpapier wie Aquarellpapier oder Bristolkarton völlig aus. Wollen Sie aber Elemente in mehreren Lagen in Gelmedium einbetten, sollten Sie eine Holzplatte als Träger verwenden.

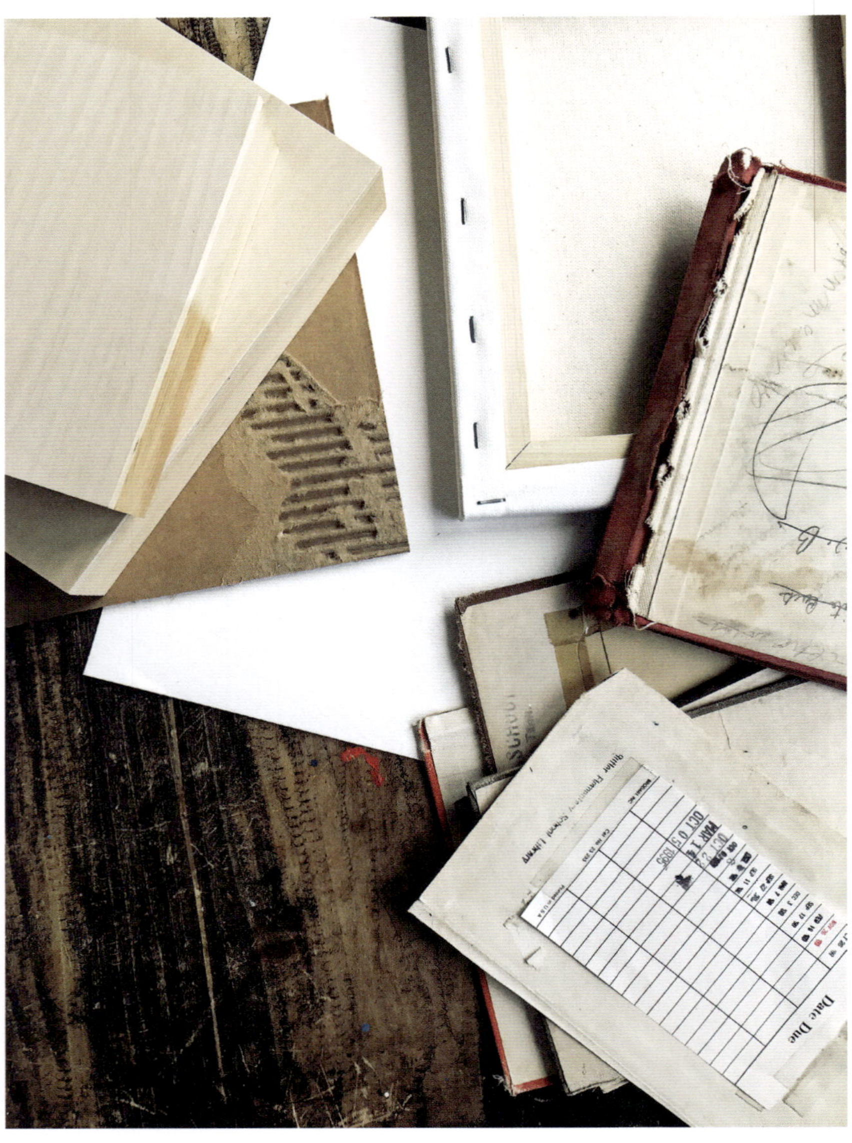

MATERIAL

- Buchdeckel
- Holzplatte
- Leinwand
- Karton
- Aquarellpapier
- Bristolkarton
- Papierreste

PAPIER

Für Ihre Collage geeignet ist ein Stück Papier dann, wenn es Sie reizt. Nicht selten basieren selbst große, umfangreiche Kompositionen auf einem ausgeschnittenen Zeitungsbild oder dem perfekten Farbton einer alten Plattenhülle. Sie können Ihren Papiervorrat gern mit Dingen aus meiner Liste bestücken. Stöbern Sie aber einfach bei sich zu Hause und auch anderswo nach etwas, das Ihnen gefällt – Bonbonpapierchen und die Anhänger von Teebeuteln zum Beispiel lassen sich toll kombinieren! Sammeln Sie alles Interessante, auch wenn Sie noch keine Ahnung haben, was Sie damit anfangen könnten. Ein umfangreicher Papiervorrat liefert oft die zündende Idee oder löst den Knoten in einer kreativen Flaute. Kippen Sie einfach Ihre Papierkiste auf einem großen Tisch aus und schieben die Stücke hin und her, bis der Funke überspringt – ich garantiere Ihnen, er tut es!

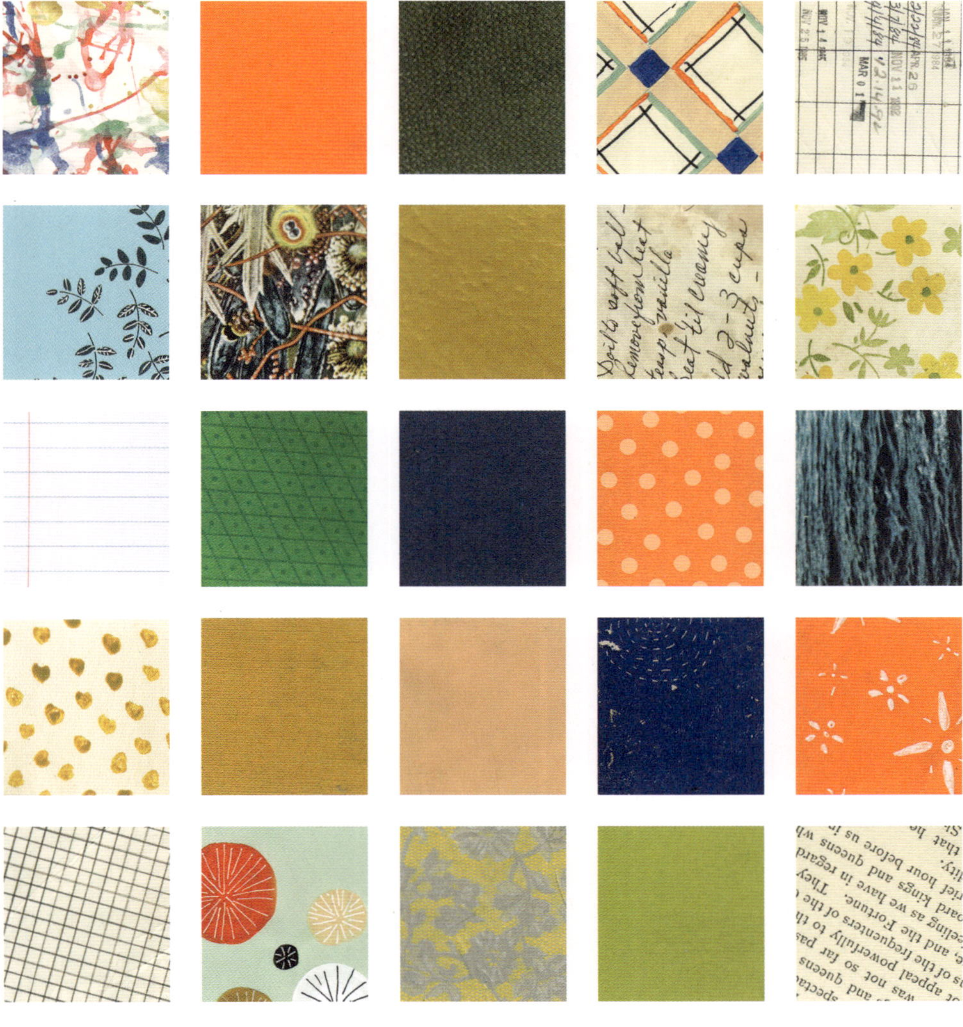

MATERIAL

- Pergamentpapier
- Grafitpapier
- Papierreste
- Zeitschriften
- Buchseiten
- Designpapier
- Millimeterpapier
- Tonpapier
- Kopierpapier
- Reispapier
- Sticker
- Fotos
- Landkarten, Stadtpläne
- Tapetenreste
- Alufolie
- Blattgold

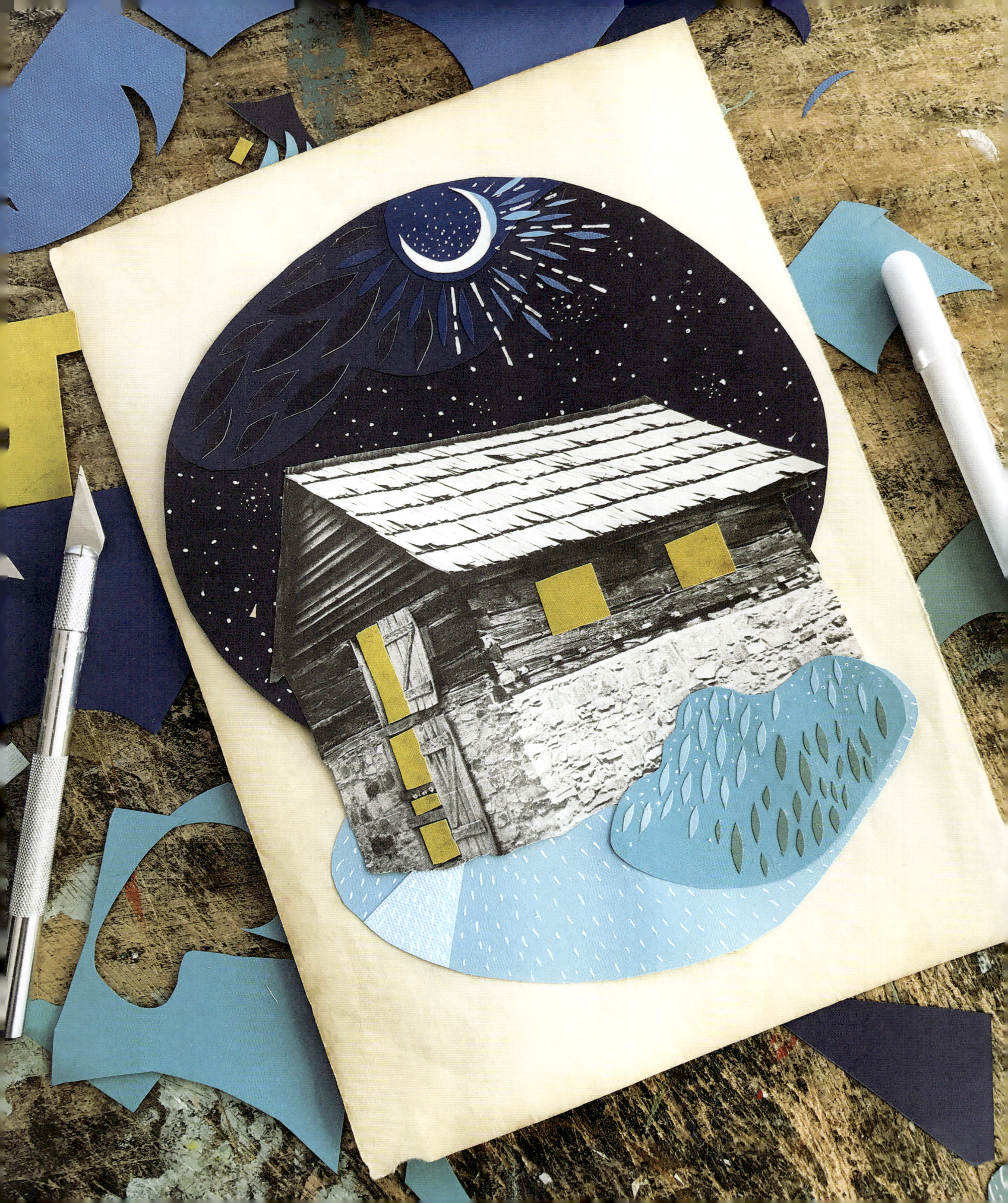

2

TECHNIKEN

Das also sind unsere Materialien. Schauen wir uns jetzt an, was man damit anstellen kann! Die Techniken in diesem Kapitel dienen als Werkzeuge, genau wie Schere und Klebstoff. Wir werden malen, sticken, kleben, drucken und vieles mehr. Zu jeder Technik finden Sie eine Materialliste, Beispiele und Ideen zum Nacharbeiten. Probieren Sie am besten alles aus. Kombinieren Sie mehrere Techniken. So finden Sie heraus, was Ihnen am meisten zusagt, und entwickeln nach und nach Ihren persönlichen Stil. Das Wichtigste dabei ist das Experimentieren: Wagen Sie etwas, testen Sie neue Ideen. Magische Dinge passieren nur, wenn Sie Ihre kreative Komfortzone hinter sich lassen.

In diesem Kapitel schauen wir uns folgende Techniken näher an:

- Sticken
- Malen
- Schablonieren
- Zeichnen
- Stempeldruck
- Monotypie
- Designpapier selbst gestalten
- Bildtransfer
- Plexiglas schichten
- Wandkunst

STICKEN

Schon Papier auf Papier ergibt zauberhafte Kombinationen. Stickereien sorgen zusätzlich für interessante Textureffekte. Sticklinien können umrahmen, dem Auge einen Weg durch das Bild weisen, Farbe oder ein erzählerisches Element ins Spiel bringen. Wenn Sie noch nie gestickt haben, üben Sie erst an Papierabfällen, um Ihre Finger daran zu gewöhnen. Sollten in Ihrer Collage hier und da Stiche danebengehen, macht das gar nichts. „Verirrte" Löcher lassen sich leicht kaschieren: Sie können bei Nadel und Faden bleiben und die Zwischenräume mit Plattstichen füllen oder sich hier im Techniken-Kapitel nach anderen Ideen umschauen. Bei Collagen ist alles erlaubt! Überkleben Sie die Stelle mit einem Stück Papier, einem Sticker oder Klebeband. Stechen Sie mit einer dickeren Nadel weitere Löcher für mehr Textur. Seien Sie kreativ und lassen Sie sich nicht frustrieren. Es gibt für alles eine Lösung!

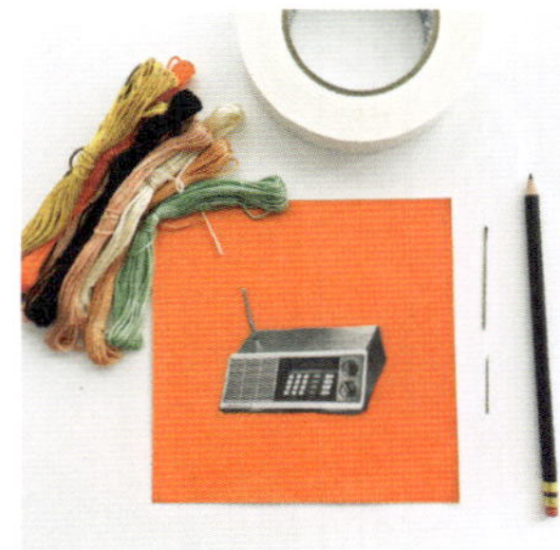

MATERIAL

- Festes Papier
- Kreppband
- Bleistift
- Sticknadel
- Sticktwist oder -garn

Diese Technik funktioniert am besten mit festen Papiersorten wie Bristolkarton, Tonpapier, Mischtechnik- oder Aquarellpapier.
Das Papier muss dicker sein als Kopierpapier, aber noch so dünn, dass man eine Sticknadel hindurchstechen kann. (Bei dünnerem Papier bitte unbedingt Schritt 2, siehe Seite 23, beachten!)

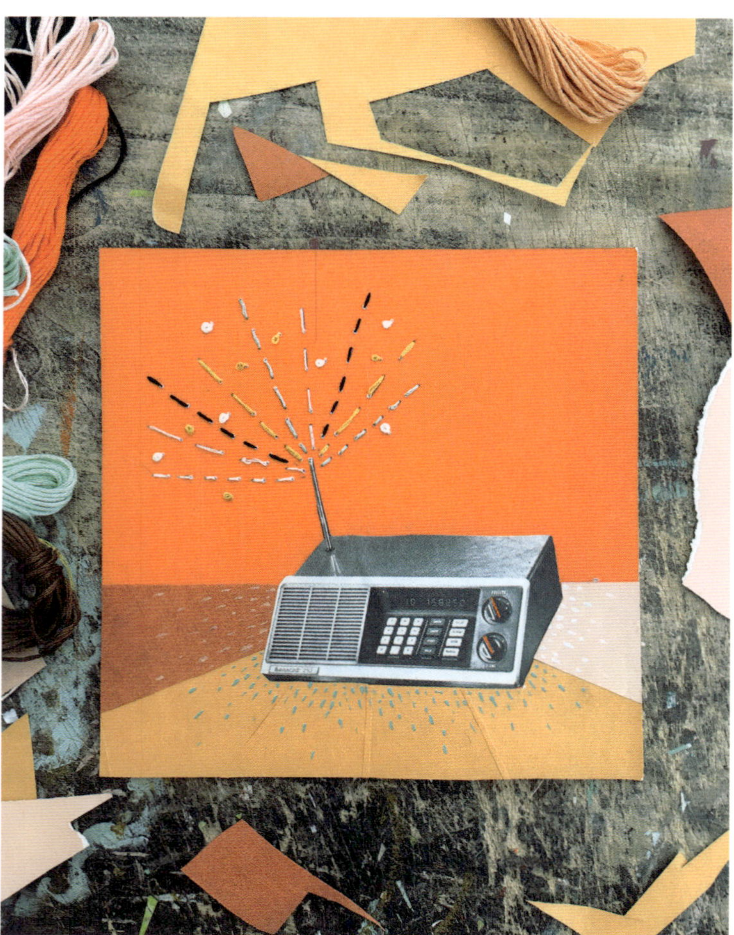

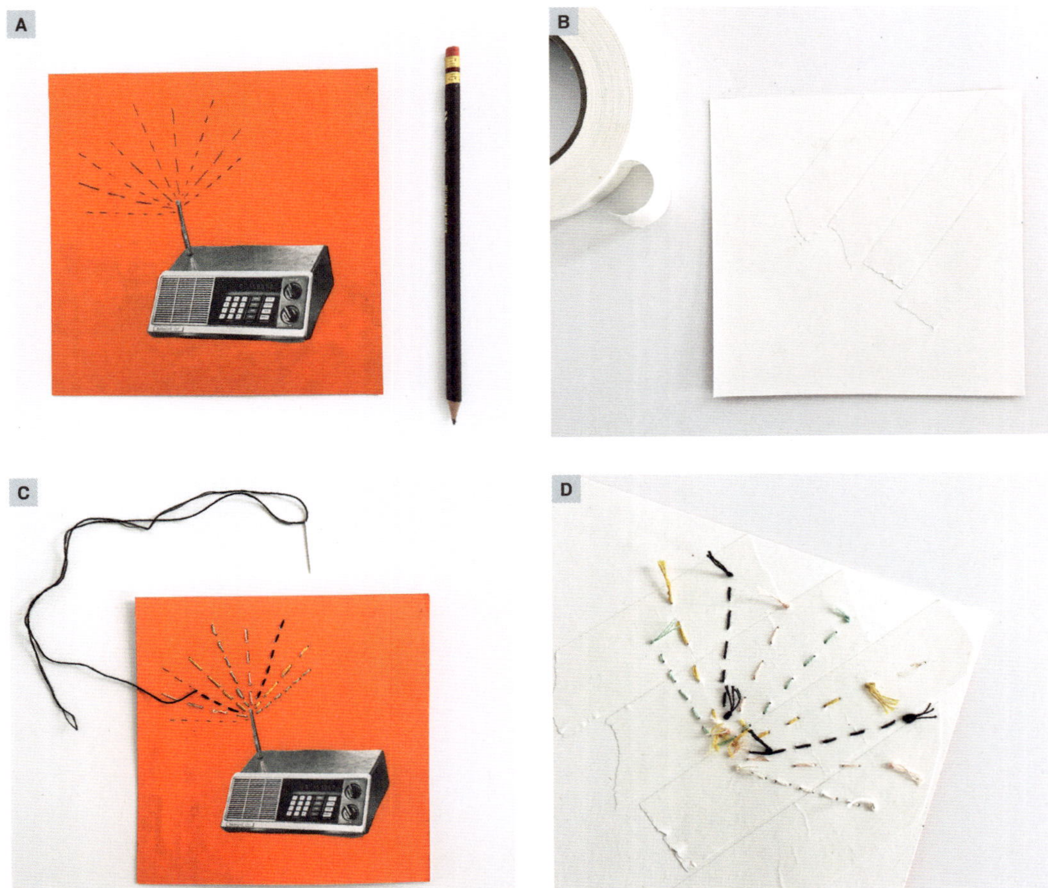

1 Zeichnen Sie auf dem Papier vor, wie Ihre Sticklinien verlaufen sollen. Für helle Oberflächen eignet sich ein weicher Bleistift am besten, für dunkle eher ein schwarzer oder weißer Buntstift. Da die Striche später unter den Fäden verschwinden, dürfen sie zumindest so deutlich sein, dass man sie gut erkennt. (A)

2 Beim Vorzeichnen von Position und Verlauf Ihrer Stickelemente drehen Sie das Papier um und verstärken diese Bereiche auf der Rückseite mit Papierklebestreifen wie Kreppband oder schwach haftendem Kreativklebeband, damit das Trägermaterial dort nicht reißt. Falls Sie Mühe haben, die Vorzeichnung auf der Rückseite zu erkennen, halten Sie den Bogen ans Fenster oder einen Leuchtkasten. (B)

3 Wählen Sie eine Garnfarbe, fädeln Ihre Sticknadel ein, verknoten das Fadenende, und los geht's! Wie so oft sind auch beim Sticken Experimente der Schlüssel zum eigenen Stil, aber für den Anfang sind bewährte Stickstiche sinnvoll. Meine Favoriten sind Plattstich für größere Flächen, Rück- oder Spaltstich für Linien und Knötchenstich für perfekte Strukturpunkte. (C)

4 Sobald Sie am Ende der Linie angekommen sind oder Ihr Faden aufgebraucht ist, verknoten Sie das Ende auf der Papierrückseite dicht an der Oberfläche. Ziehen Sie es nur so straff, dass der Knoten fest ist, ohne sich durch das Papier zu drücken. Das Fadenende auf etwa 1 cm zurückschneiden. (D)

TECHNIKEN

MALEN

Farbe ist unglaublich vielseitig und einfach wunderbar. Bei Collagen lassen sich Malfarben auf vielerlei Weise nach Lust und Laune einsetzen. Sie können mehrere Blätter mit Ihrer Lieblingsfarbe einpinseln und für später weglegen oder farbige Formen und Objekte ausschneiden und schichten. Sie können den Pinsel direkt in Ihrer Collage oder auf deren Trägermaterial ansetzen.

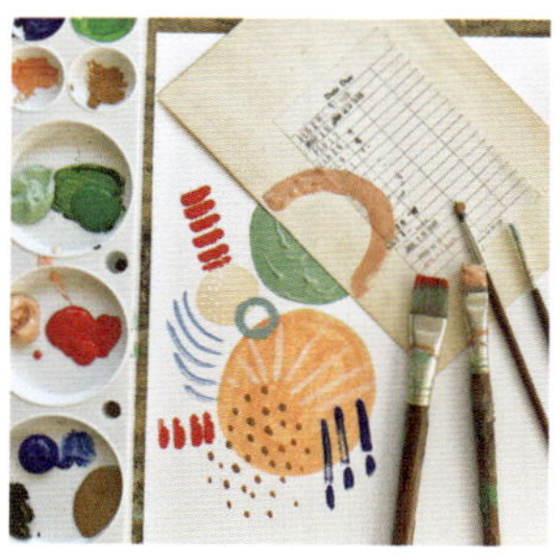

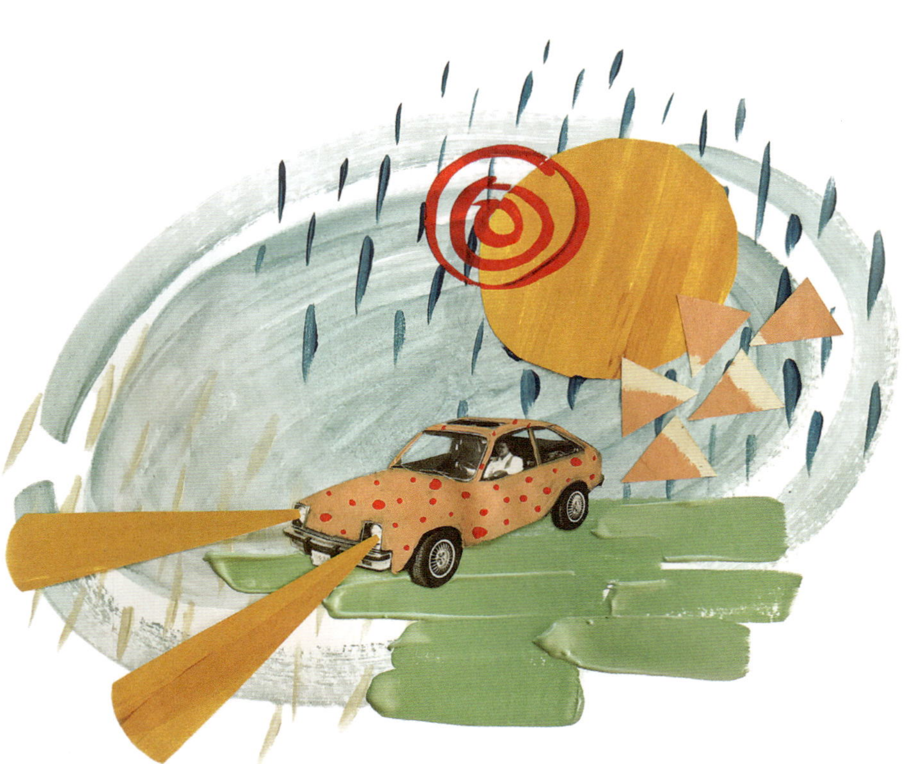

MATERIAL

- Acrylfarben
- Gouache
- Aquarellfarben
- Pinsel
- Wasser
- Papier in verschiedenen Texturen und Stärken

Experimentieren Sie mit allem: Acrylfarben schimmern nach dem Trocknen, Gouache ist matt und undurchsichtig, verdünnt jedoch eher durchscheinend. Aquarellfarben können einen Hintergrund reizvoll gestalten, ohne vom Wesentlichen abzulenken. Testen Sie, wie Striche mit Pinseln in diversen Formen und Größen wirken. Merken Sie sich die Unterschiede oder machen Sie sich Notizen auf dem Skizzenblock.

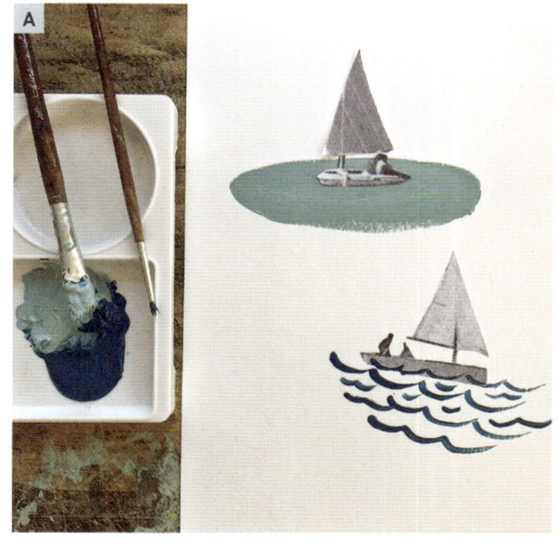

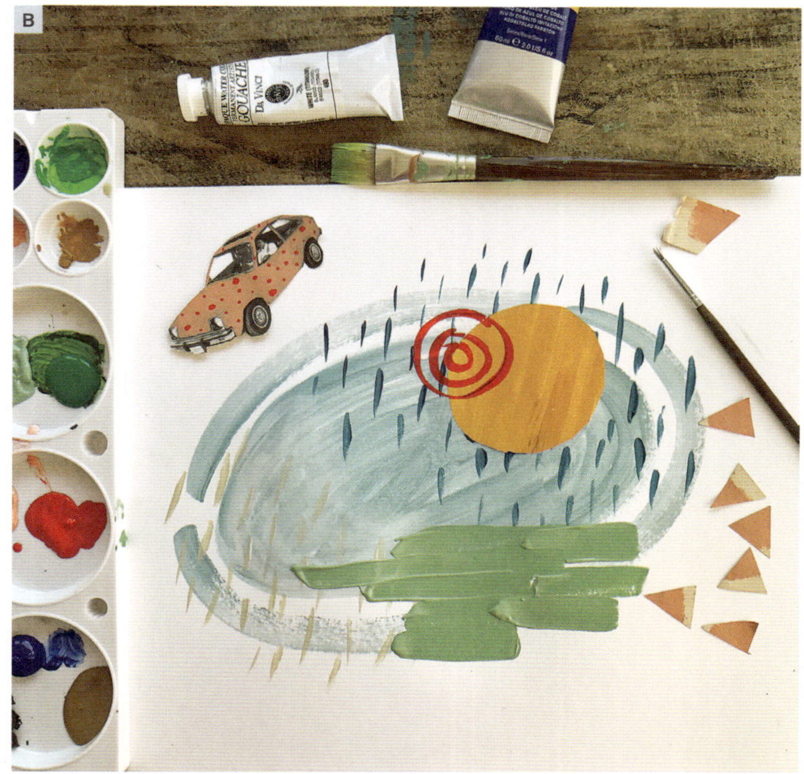

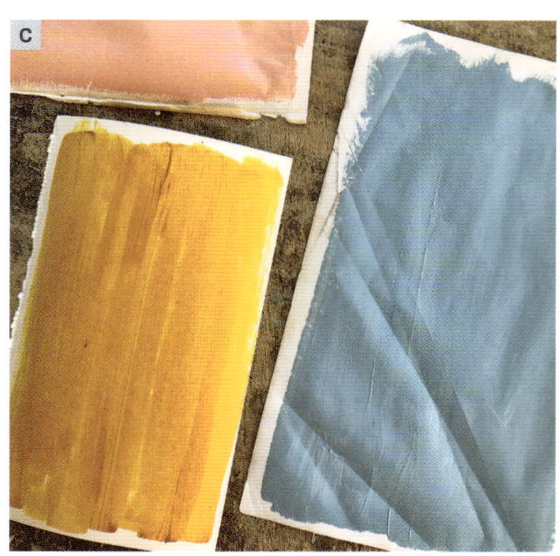

1 Zum Illustrieren von Ideen oder Geschichten lassen sich Farben prima mit ausgeschnittenen Formen kombinieren. Dabei entstehen interessante Wechselwirkungen. (A)

2 Bauen Sie Oberflächen schichtweise auf. Dabei darf es ruhig chaotisch zugehen. Oft muss man minimalistisch und präzise arbeiten, aber beim Experimentieren Chaos anzurichten, ist extrem wichtig (und lustig), weil es Sie mit Ihrem Medium besser vertraut macht und verdeutlicht, wie die Materialien über- oder untereinander wirken. (B)

3 Wenn ich von einer tollen, selbst angemischten Farbe noch etwas übrig habe, nachdem ich mit einem Projekt fertig bin, bemale ich damit Buchseiten oder andere Blätter, lasse sie trocknen und hebe sie für später auf. (C)

SCHABLONIEREN

Mithilfe einer Schablone geht es ganz leicht, ein einheitliches Muster zu schaffen oder dasselbe Motiv auf verschiedene Oberflächen zu übertragen. Vielleicht hatten Sie als Kind auch eine Plastikschablone mit Durchbrüchen, deren Innenränder man mit dem Bleistift nachzieht? Solche fertigen Vorlagen ergeben perfekte, stets identische Formen und Buchstaben und leisten für Collagen gute Dienste. Allerdings machen selbst angefertigte Schablonen mehr Spaß!

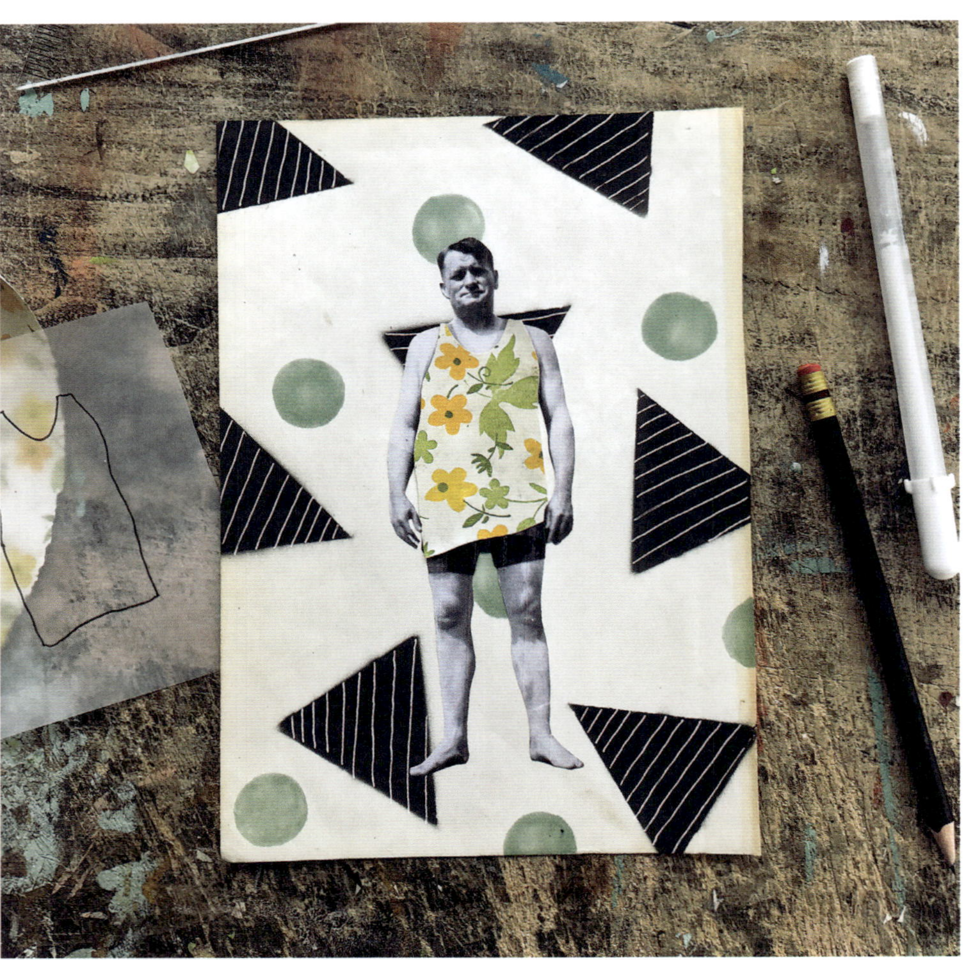

MATERIAL

- Sprühfarbe
- Karton
- Filzstift
- Cuttermesser
- Papier
- Pinsel
- Farben
- Pergamentpapier
- Kohle- oder Umdruckpapier
- Acetat (z. B. Overheadfolie oder Klarsichthülle)
- Handelsübliche Schablonen
- Schleifpapier

In einer geometrischen Komposition wirken zum Beispiel perfekte, exakt aneinander passende Dreiecke sehr elegant. Winkelmesser, Geodreiecke und Plastikschablonen sind gute Hilfsmittel, um geometrische Formen für Schabloniervorlagen zu entwerfen. Saubere Kreise kann man auch mit Münzen, Tassen und Saftgläsern zeichnen.

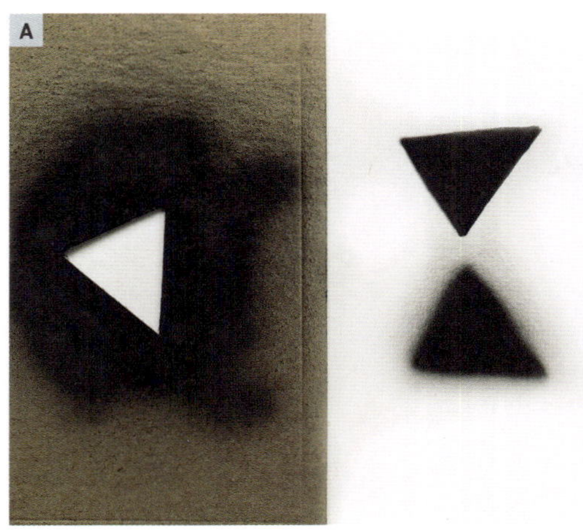
A

B

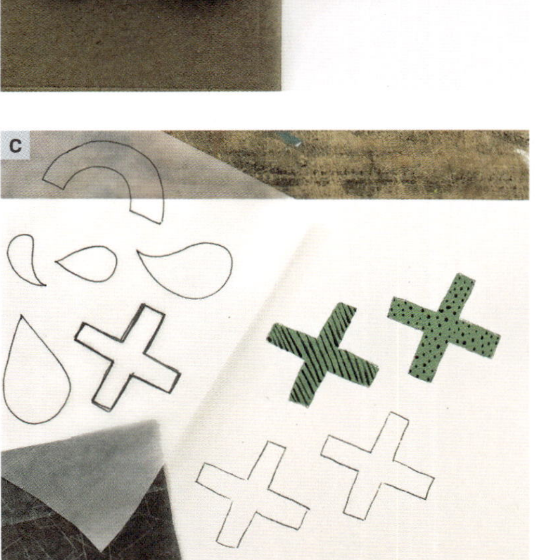
C

1 Nehmen Sie zunächst einen Bogen dünnen Karton oder dickes Papier, zum Beispiel Bristolkarton. Der Bogen muss größer sein als der spätere Träger. Bei detaillierteren Motiven arbeitet es sich mit dünnerem Papier leichter. Am besten fangen Sie mit simplen Formen an. Schneiden Sie beispielsweise ein paar Kreise in der Mitte des Bogens aus und übertragen sie in einem gut belüfteten Raum mit Sprühfarbe auf den Träger. Je nachdem, wie dicht am Träger sich die Schablone befindet, fallen Textur und Ränder des Motivs verschieden aus. (A)

2 Der gleiche Vorgang mit anderen Materialien führt zu ganz anderen Ergebnissen. Beim zweiten Testlauf wird Acetatfolie für die Schablone verwendet. Die dünne Folie eignet sich gut für detailreiche Motive. Die Ränder werden besonders akkurat, wenn Sie die Innenkanten nach dem Schneiden mit Schleifpapier glätten. Legen Sie Ihre Schablone auf den Träger und tupfen Sie mit dem Pinsel Farbe in die Aussparungen. Nach dem Trocknen können Sie die Schablone immer wieder verwenden. (B)

3 Die dritte Technik nutze ich seit Ewigkeiten, weil sie so vielseitig und kinderleicht ist: Zeichnen Sie mit schwarzem Filzstift auf ein Blatt Pergament- oder Pauspapier eine Form, die Sie vervielfältigen möchten. Legen Sie an der gewünschten Stelle zunächst einen Bogen Kohlepapier und dann das Pergamentpapier auf Ihren Träger. Wenn Sie jetzt die Linien auf dem Pergamentpapier nachziehen, zeichnen sie sich auf dem Träger ab. Diese Schablone lässt sich mehrfach verwenden. Wenn sie irgendwann reißt, zeichnen Sie einfach eine neue. (C)

ZEICHNEN

Diese Technik empfehle ich allen Künstlern, die sich erstmals mit Collagen beschäftigen, aber all ihre geliebten Stifte und Marker auch dabei nicht missen möchten oder schon einen persönlichen Zeichenstil besitzen, der auch diese Arbeiten prägen soll – genauso habe ich auch mal angefangen! Ganz gleich, ob nur Collagen oder generell Kunst für Sie Neuland sind: Zeichnen ist so vielfältig und abwechslungsreich, dass es jedem etwas bietet, an dem er sich für seinen eigenen Collagestil orientieren kann. Durch gezeichnete Elemente kann man mit seinen Lieblingsmedien eine Collage um Textur, Farbe, Einheitlichkeit und Bewegung bereichern.

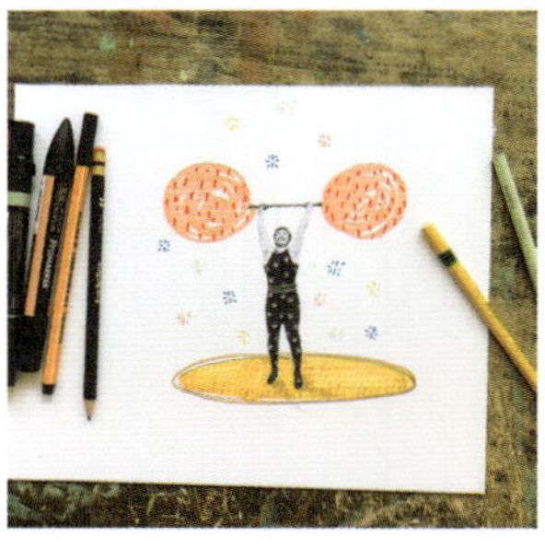

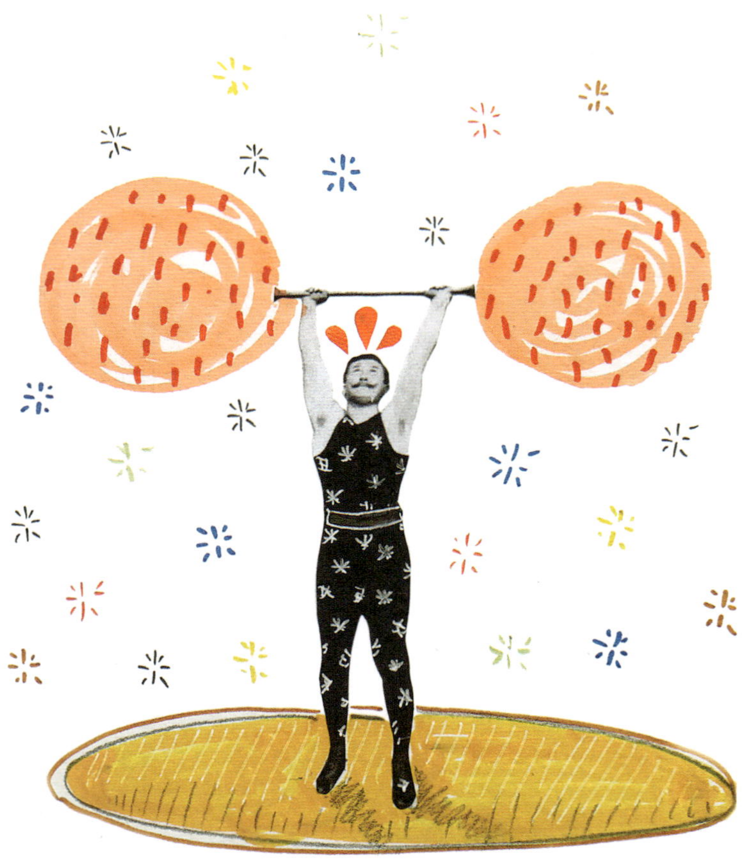

MATERIAL

- Grafitstifte
- Fineliner
- Wachsmalstifte
- Buntstifte
- Pastellkreiden
- Papier in verschiedenen Texturen und Stärken
- Pergament- oder Pauspapier
- Kohlepapier

Um Farbe und Textur in Ihre Komposition zu bringen, zeichnen Sie direkt auf Ihren Träger und die Papierlagen. Wenn Sie mit einem gleichfarbigen Marker oder Stift Details in die Papierelemente einfügen, schaffen Sie ein einheitliches, visuell ansprechendes Bild.

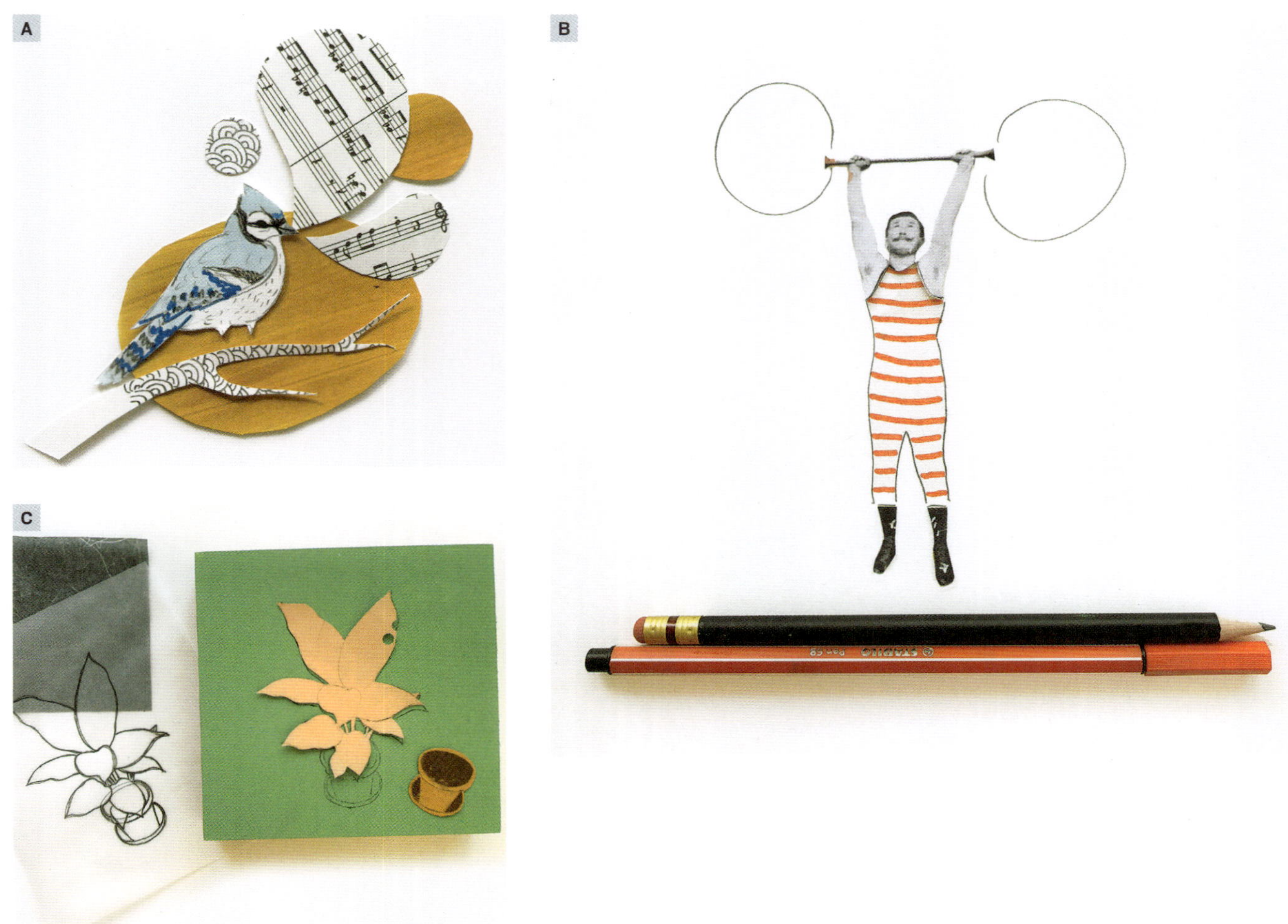

1 Fertigen Sie ein paar Skizzen an oder nehmen Sie ein fertiges Blatt mit Zeichnungen, zerschneiden es und setzen die Stücke zu einer Collage zusammen. Sie können sie ganz neu arrangieren oder durch andere Papierelemente ergänzen. (A)

2 Sparen Sie Teile einer ausgeschnittenen Figur aus. Am interessantesten ist es meist, wenn man die Mitte weglässt und alles darüber und darunter stehen bleibt. Ersetzen Sie die fehlenden Teile mit einem Zeichenuntensil Ihrer Wahl, sei es in der ursprünglichen Form oder völlig anders. (B)

3 Zeichnen Sie eine Figur oder ein Muster auf ein Blatt Pergamentpapier und übertragen die Zeichnung mit Kohlepapier auf einen Träger. Schneiden Sie nun mit derselben Pergamentpapierschablone aus verschiedenen Papiersorten Teile der Form aus und setzen sie zusammen. Das funktioniert ähnlich wie beim Quilten und macht genauso viel Spaß. Für diese Technik empfehle ich robuste Träger wie Holzplatten, und Gelmedium als Kleber. (C)

STEMPELDRUCK

Kinder lieben Stempel, und das hat einen guten Grund – es macht einfach riesigen Spaß, ein Motiv auf diese Weise zu vervielfältigen! Ich erinnere mich, wie ich auf der Veranda saß und mich einen ganzen Sommernachmittag lang damit vergnügte, einen Plakatkarton mit aberhunderten Einhornköpfchen in allen Farben zu bedrucken. Das Spektrum reicht von handelsüblichen Gummistempeln und Stempelkissen bis zu komplexen selbstgeschnitzten Linoleumplatten. Dazwischen gibt es viele Optionen. Ich verwende hier vorwiegend alltägliche Dinge, aber falls Sie Ihre Druckstöcke selbst gestalten möchten, finden Sie in der Materialliste das passende Werkzeug.

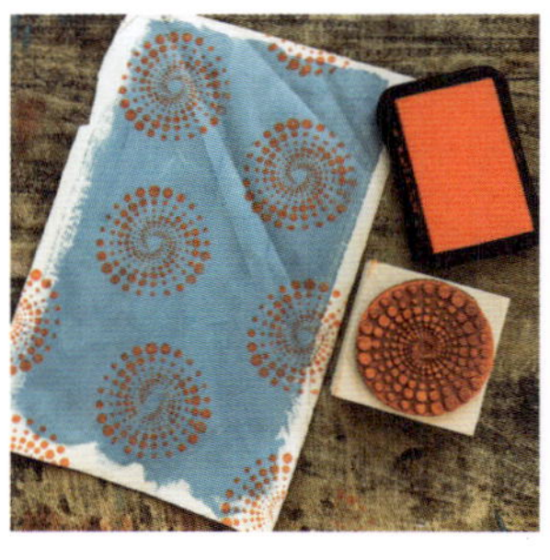

MATERIAL

- Handelsübliche Stempel
- Korken
- Schwamm
- Stempelfarbe (Kissen oder flüssig)
- Farben
- Linoleum, PVC oder Holz für den Druckstock
- Schnitzwerkzeuge für Linoleum oder Holz
- Farbwalze

Stempel und Stempelkissen sind einfach zu verwenden. Man kann ein Motiv damit akkurat vervielfältigen und als Hintergrund verwenden oder durch serielle Wiederholung eine Komposition vereinheitlichen.

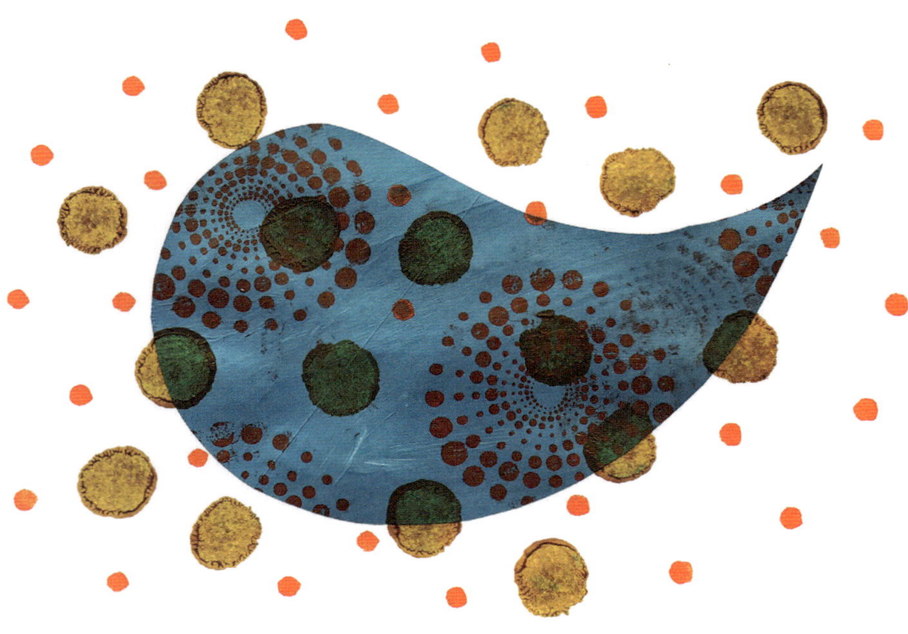

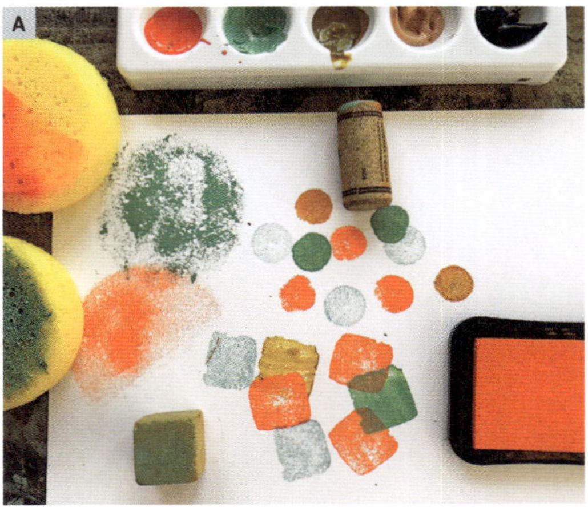

A

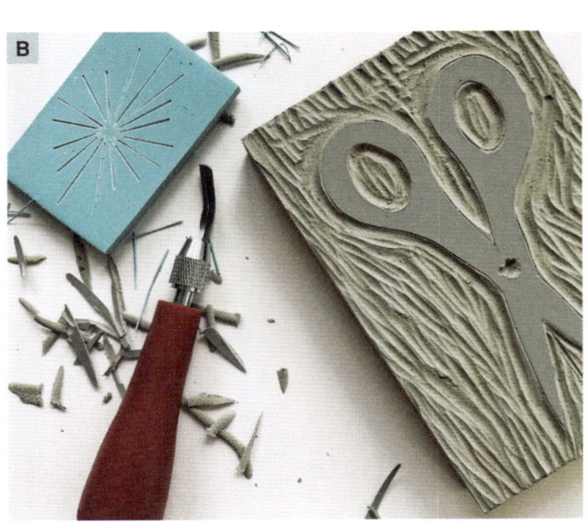

B

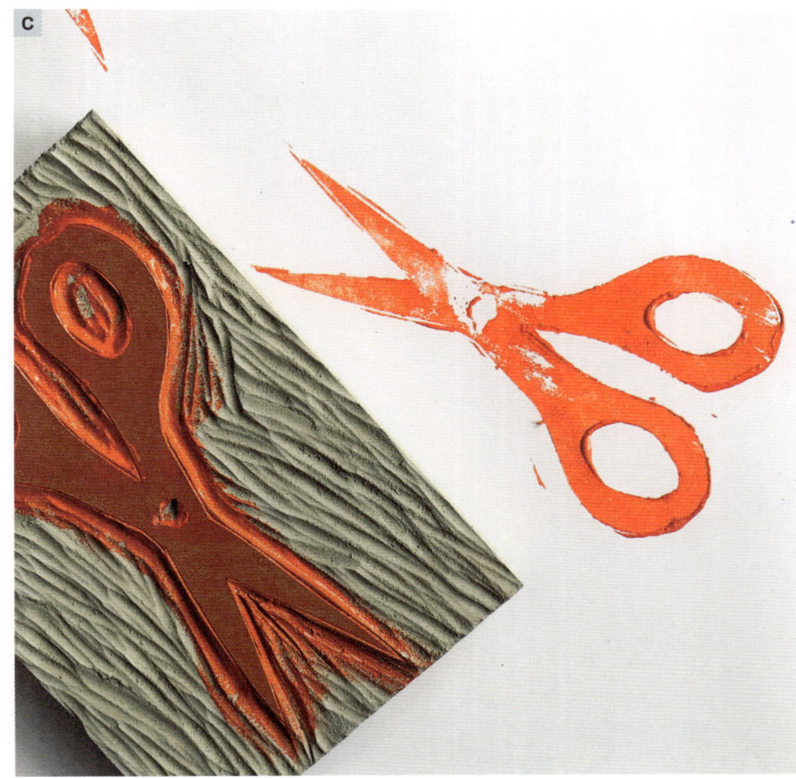

C

1 Weinkorken, Schwämme und Kartoffeln sind Beispiele für alltägliche Materialien, die man zum Stempeln nutzen kann. Einfach so, wie sie sind, mit Stempelkissen oder Farbe eingefärbt, ergeben sie organische Formen und Texturen, aber man kann sie auch individuell schnitzen. (A)

2 Wer selbst Motive gestalten und immer wieder drucken möchten, findet im Bastelladen oder Künstlerbedarf alles, was man für die Herstellung von Druckstöcken braucht. PVC-Blöcke sind leicht zu schnitzen und deshalb ein guter Einstieg für eigene Stempel. Denken Sie daran, dass alles, was Sie wegschneiden, im Stempelbild später fehlt. Fangen Sie am besten mit kleinen Motiven und einem flachen Schnitzmesser an. (B)

3 Beim Bearbeiten von Linoleum oder PVC zeichne ich mein Motiv zuerst mit Kugelschreiber oder Bleistift auf die Oberfläche und schneide dann mit den Schnitzmessern den Negativraum weg. Die Methode ist mühsam, aber sehr effizient, denn man sieht immer, wie weit man ist. Die Oberfläche des Stempels einfärben, auf das Papier legen, gleichmäßig andrücken und wieder abheben. Wenn Sie jetzt noch erhabene Stellen sehen, die nicht dort hingehören, wischen Sie die Farbe ab und schnitzen weiter. (C)

MONOTYPIE

Monotypie ist ein Druckverfahren, das ganz ähnlich funktioniert wie das Drucken mit einem Druckstock oder Stempel, im Gegensatz dazu aber immer nur *ein* Druckbild erzeugt. Von den vielen Optionen, die sich dabei bieten, beschränke ich mich hier auf die einfachste Methode, bei der man ruhig Fehler machen darf und die mir deshalb am liebsten ist. Ich habe Acrylfarbe genommen, weil sie schnell trocknet und man hinterher alles leicht wieder sauberbekommt, aber Sie können gern Druckfarben verwenden.

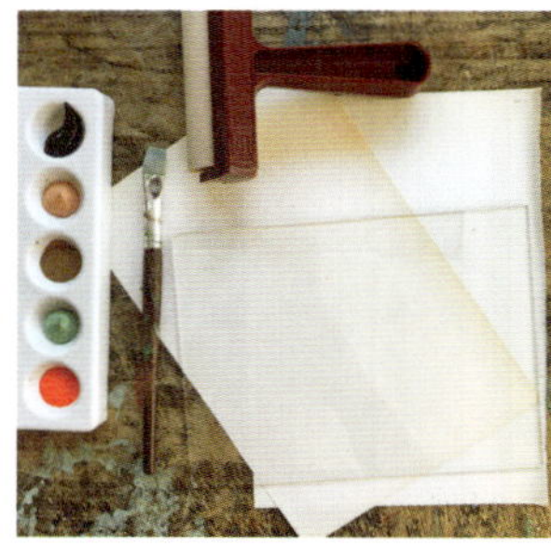

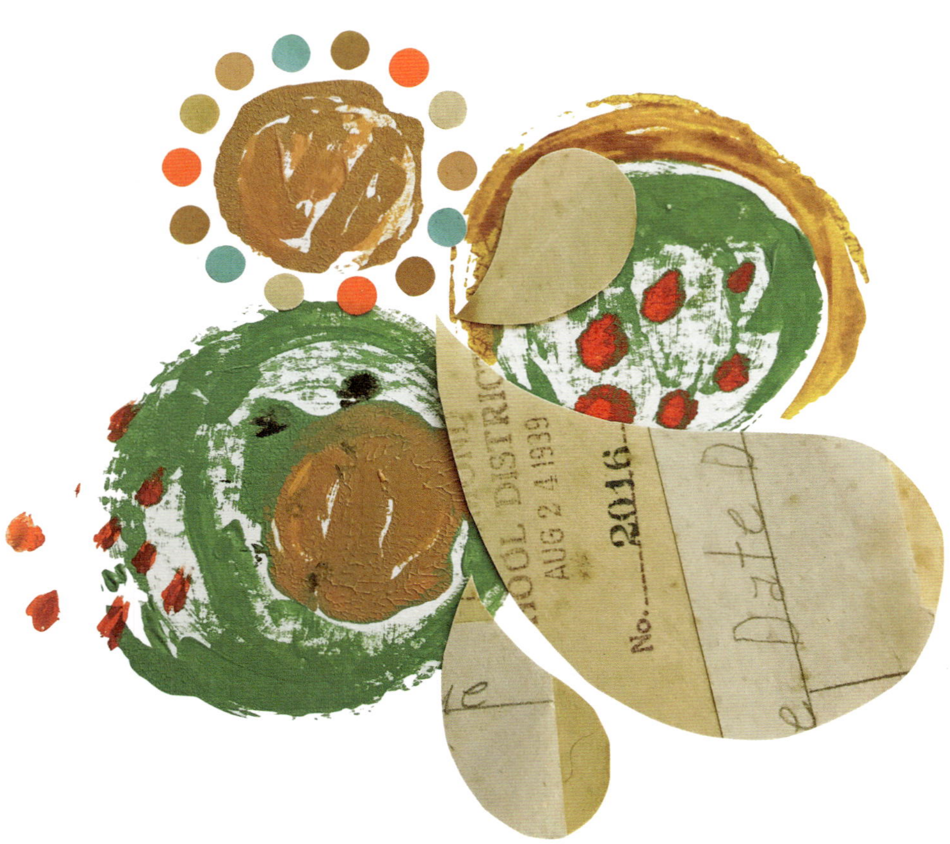

MATERIAL

- Acrylfarben
- Pinsel
- Farbwalze
- Glas- oder Plexiglasplatte
- Druck- oder Zeichenpapier

Weil Acrylfarben vor allem dünn aufgetragen so schnell trocknen, sollten alle Materialien schon vorher bereit liegen. Sowohl Druckpapier als auch normales Zeichenpapier besteht aus Fasern, die Farben besser aufnehmen, wenn sie feucht sind. Sprühen Sie das Papier deshalb mit Wasser ein oder halten es kurz unter den Wasserhahn. Es soll nur feucht, aber nicht tropfnass sein. Drücken Sie von der gewünschten Acrylfarbe einen Strang auf den Bogen und nehmen die Farbwalze zur Hand.

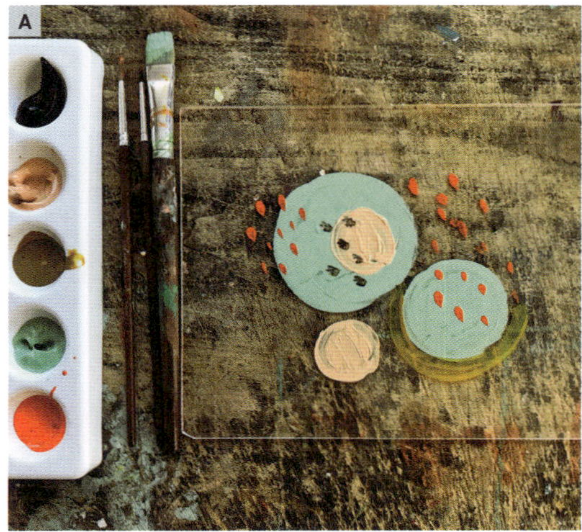

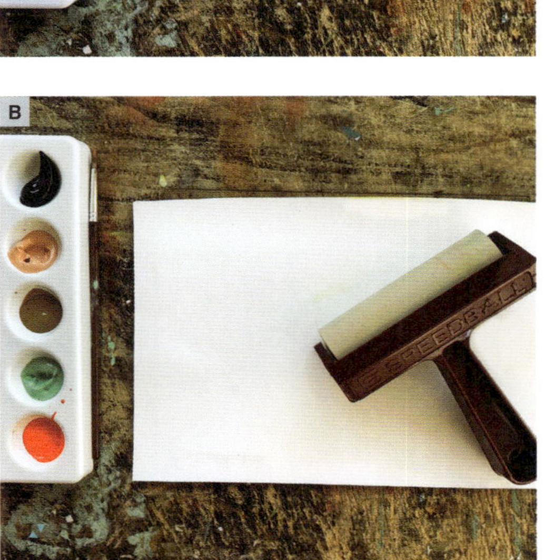

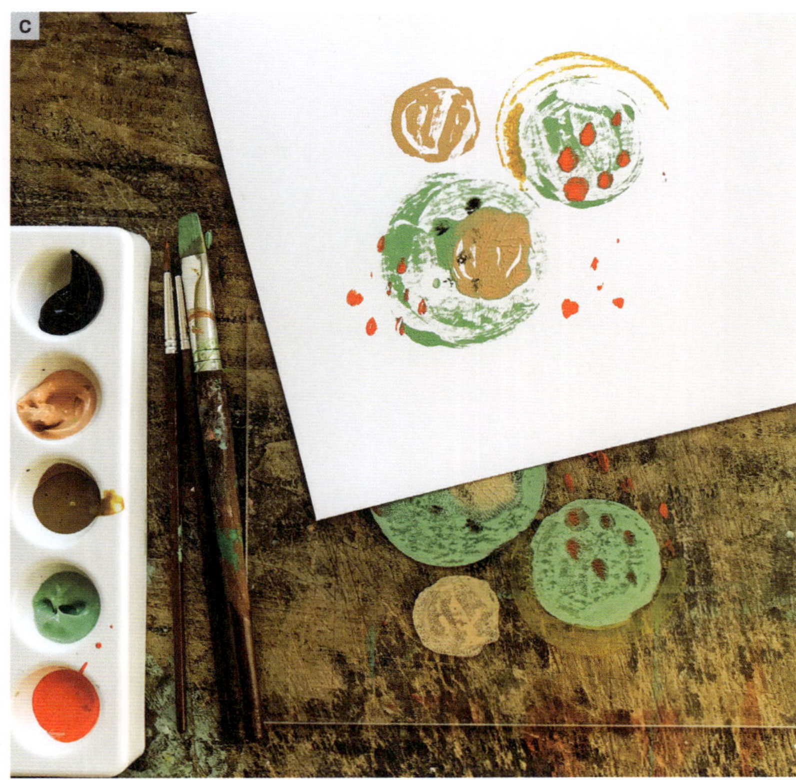

1 Malen Sie Ihr Motiv auf die Glas- oder Plexiglasplatte. Schöne offene Texturen erzielen Sie durch strukturierte Materialien wie Spitzendeckchen, Gaze, Spitze oder perforiertes Papier, die Sie darauf abdrücken, beim Drucken darauf liegen lassen, sodass im Abdruck ein Negativraum entsteht, oder bemalen, um zusätzliche Farbe ins Spiel zu bringen. (A)

2 Bevor die Farbe trocknen kann, legen Sie das Papier kopfüber auf die bemalte Platte und streichen es mit Druck von der Rückseite her mit der Farbwalze aus. Damit ich die Walze kräftig aufdrücken kann und die Farbe sich gut verteilt, ohne dass die Platte zerbricht, verwende ich hierfür lieber Plexiglas als Glas. (B)

3 Nun das Papier vorsichtig abziehen, begutachten und zum Trocknen beiseite legen. Sie können das Blatt dann im Ganzen als Träger für eine Collage verwenden oder es in Stücke schneiden und neu zusammensetzen. (C)

DESIGNPAPIER SELBST GESTALTEN

Materialien selbst herzustellen macht Spaß und verleiht Ihren Collagen mit individuellen Farben und Texturen einen ganz persönlichen Charakter. Tapetenreste, Textilien oder Designpapiere aus dem Bastelladen sind beispielsweise für Collagen sehr reizvoll. Sie können Ihrem Werk zum Schluss das gewisse Etwas verleihen oder Sie zu Beginn überhaupt auf Ideen bringen. Manchmal findet man aber für ein spezielles Projekt oder ein bestimmtes Thema einfach nicht das, was einem vorschwebt. Sie suchen grüne Sternchen, finden aber nur orangefarbene? Die Streifen müssten breiter sein, oder die Ranken sind einfach nicht voluminös genug? Was also tun? Natürlich selber machen! Hierbei stehen Ihnen alle Möglichkeiten offen. Materialien nach eigenen Ideen geben Ihren Collagen eine ganz persönliche Note und lassen die kreativen Ideen nur so sprudeln.

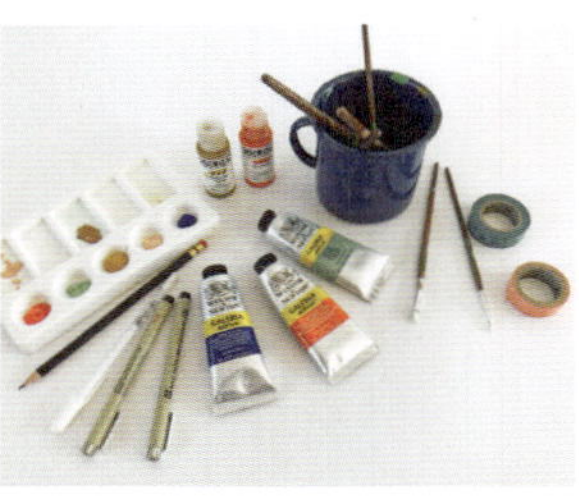

MATERIAL

- Papier
- Stifte
- Bleistifte
- Farben
- Pinsel
- Lineal
- Stempel
- Klebeband

Verwenden Sie säurefreies Papier wie Zeichenpapier, Buchseiten oder Pergamentpapier. Die Muster sollten attraktiv texturiert, aber doch so schlicht sein, dass sie sich gut vervielfältigen lassen.

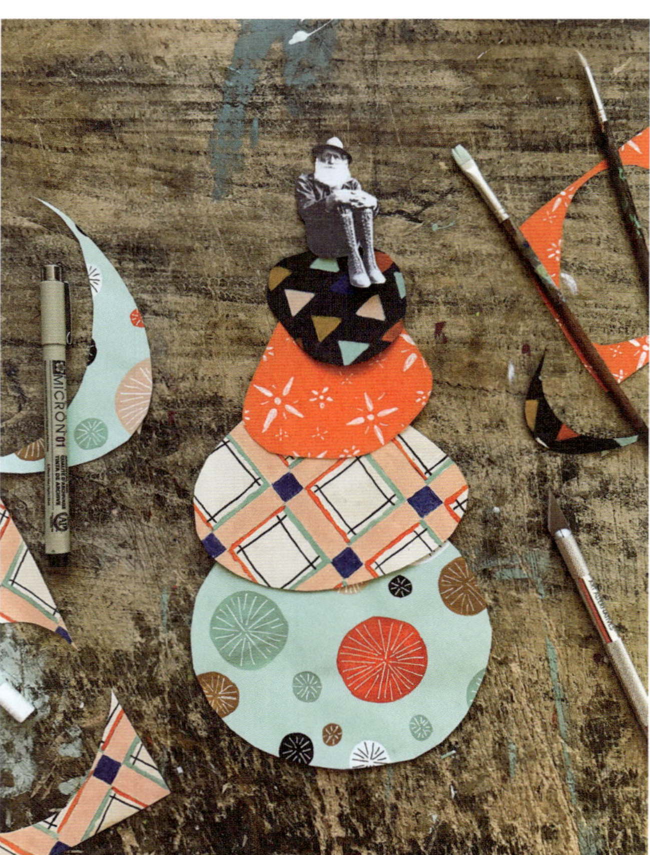

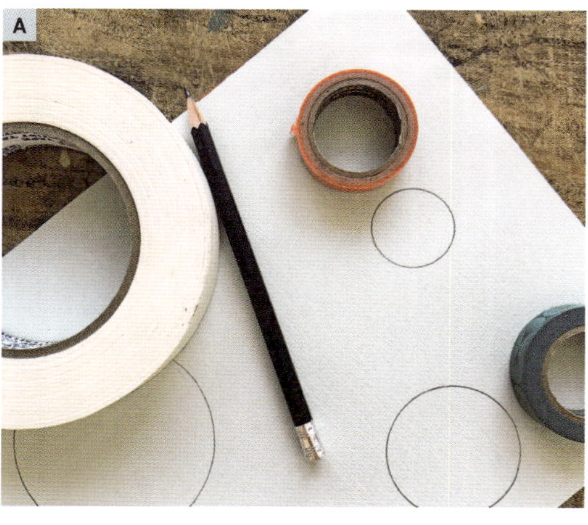
A

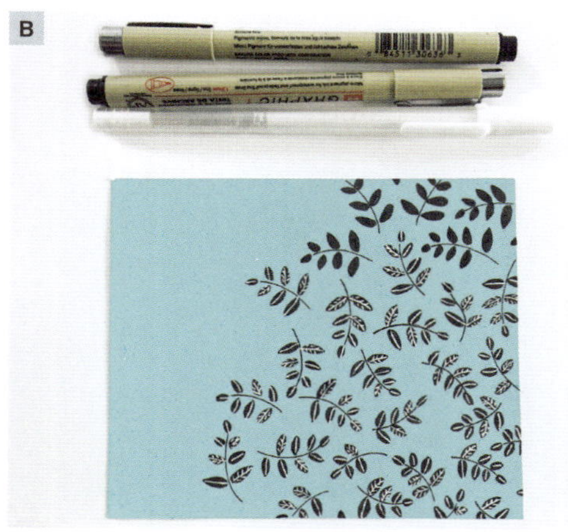
B

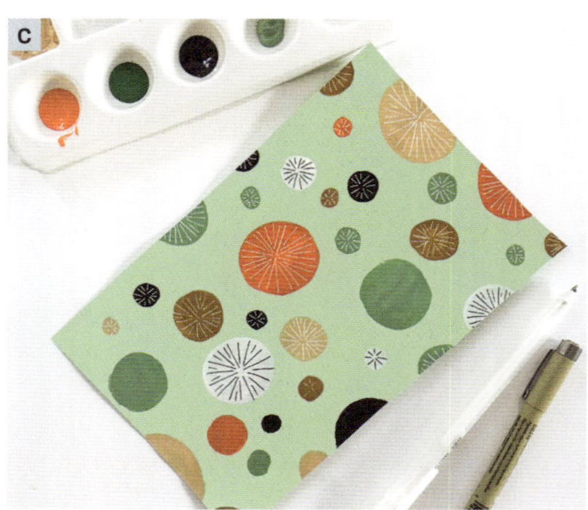
C

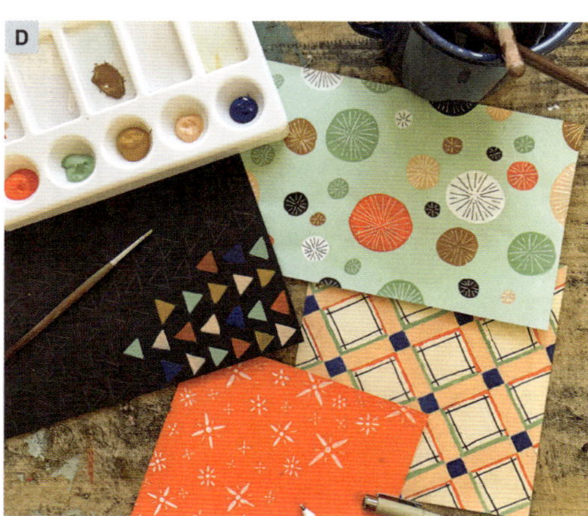
D

1 Als Vorlage für Kreise eignen sich Münzen und Tassen aller Größen. Streifen und Gitternetze werden akkurater, wenn man sie mit dem Lineal zieht. Von Hand wirken sie etwas krakeliger, dafür aber natürlicher. (A)

2 Wenn Sie für Ihre Collage kleine Teilstücke brauchen, legen Sie auch die Muster kleinteiliger an. Größere Motive gehen verloren, wenn man sie kleinschnipselt. (B)

3 Malen Sie größere Formen, zum Beispiel Kreise, lassen sie trocknen und fügen dann mit Tintenschreibern Details hinzu. Nehmen Sie für die dunklen Flächen Gelstifte oder Tintenschreiber in Weiß und probieren auf den hellen verschiedene Buntstifte aus. (C)

4 Wenn Ihnen Ideen fehlen, schauen Sie sich einfach mal um! Ein heißgeliebtes Kleidungsstück, Omas handgenähte Steppdecke oder Ihr Wohnzimmerteppich liefern sicher Anregungen. Auch ein Karomuster selbst zu entwerfen, macht großen Spaß und ist eine prima Lockerungsübung. Gestalten Sie mehrere Bögen in den gleichen Farbwelten – Sie werden staunen, wie gut sie zusammenpassen! (D)

TECHNIKEN

BILDTRANSFER

Manchmal findet man ein absolut perfektes Bild, das einem ungemein gefällt, kann es aber nicht gebrauchen, weil es in Größe oder Farbe zu nichts passt. Anstatt es aber zu zerschneiden, scannen Sie es ein und experimentieren damit als digitale Collage. Natürlich können Sie es auch ganz konkret verwenden, indem Sie einen Ausdruck davon machen und den Toner mit Gelmedium vom Papier auf eine andere Oberfläche übertragen. Der Träger kann aus Holz, Leinwand oder Karton bestehen, muss jedoch stabil und dicker als das Transferpapier sein, mit dem man das Bild überträgt. Verarbeiten Sie das Motiv als Teil oder Hintergrund Ihrer Collage oder drucken Sie es mehrfach aus und machen daraus ein Muster.

MATERIAL

- Gelmedium für Acrylfarben „gloss"
- Breite, flache Pinsel
- Wasser
- Ein Bild zum Übertragen
- Sauberer Lappen

Falls Sie das Bild zum Transferieren selbst ausdrucken, nehmen Sie dafür einfaches Fotopapier und drehen das Blatt so, dass das Bild spiegelverkehrt ist, damit es nach dem Transfer richtig herum liegt. Falls Sie ein fertiges Bild nehmen, sollte es kräftig durchgefärbt und vor allem matt sein, denn hochglänzendes oder dickes Papier eignet sich meist nicht gut, weil es keine Flüssigkeit aufnimmt und die Farbe verläuft.

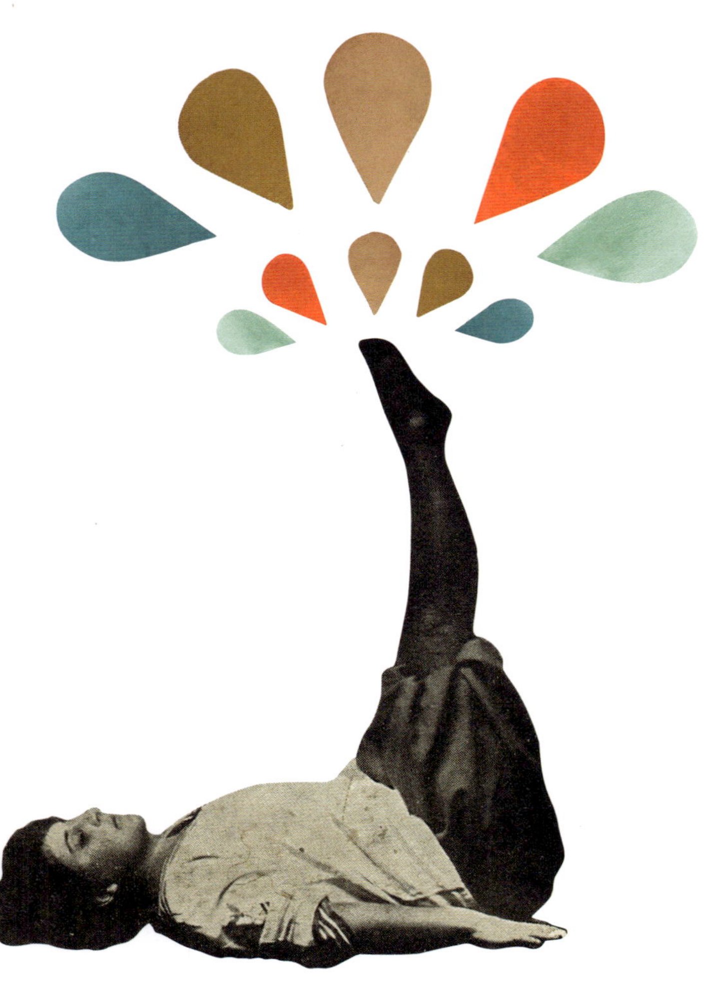

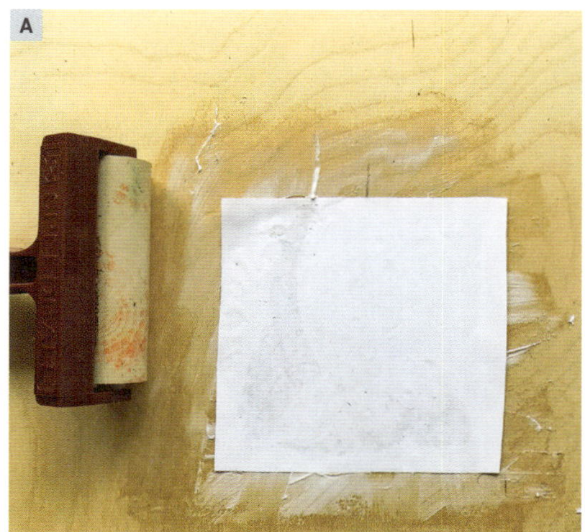

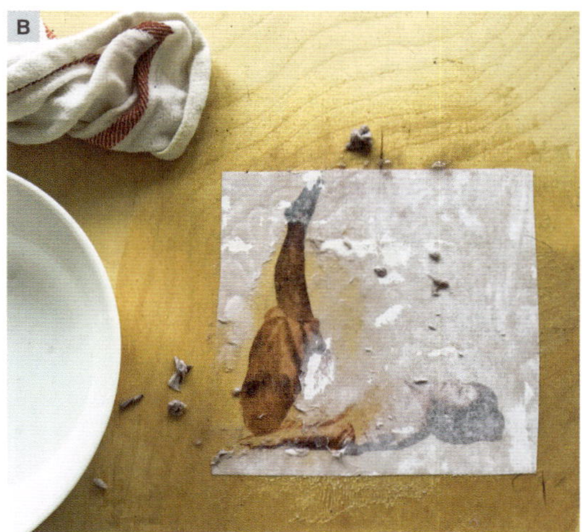

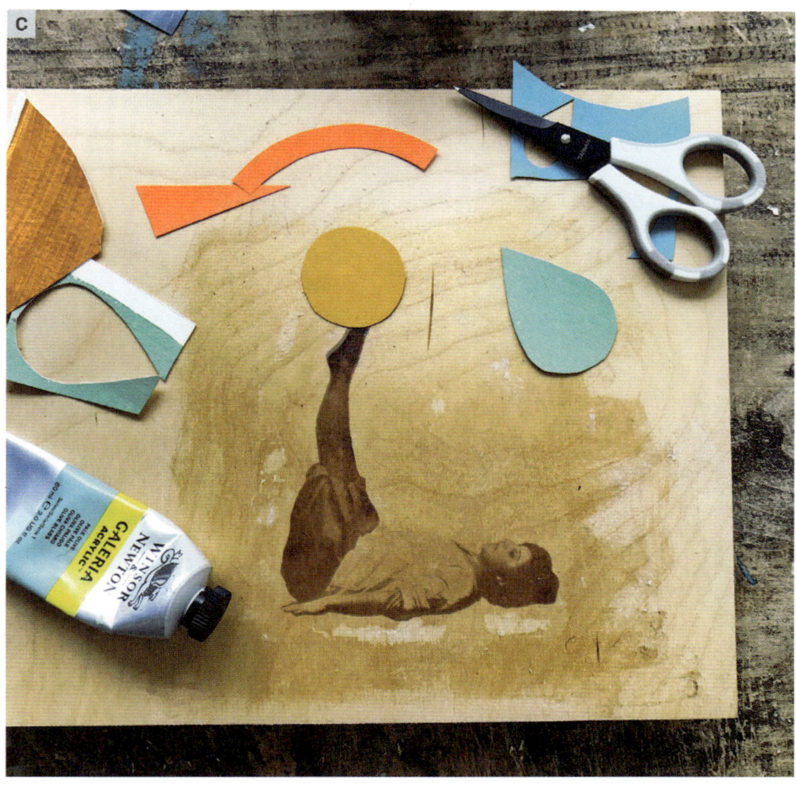

1 Das Gelmedium mit einem Pinsel großzügig auf der Oberfläche verteilen, auf die Sie das Bild übertragen wollen. Das Bild kopfüber in das nasse Gel drücken und mit einer Farbwalze eventuelle Luftblasen herausdrücken. Das Gel mindestens eine Stunde, wenn möglich noch länger durchtrocknen lassen. (A)

2 Die Rückseite des Papierträgers mit Wasser befeuchten und vorsichtig rubbeln, bis er sich ablöst. Am besten fängt man mit den Fingern an und rückt den hartnäckigsten Stellen mit einem feuchten Lappen zu Leibe. (B)

3 Nach dem Entfernen des Papiers ist nur noch das gedruckte Bild übrig. Sobald die Druckfarbe trocken ist, können Sie das Bild bemalen und bekleben, zerschneiden, mit anderen Transferbildern kombinieren oder auf sonstige kreative Weise verwenden. (C)

TECHNIKEN

PLEXIGLAS SCHICHTEN

Diese Technik ist perfekt, wenn Sie plastische Effekte mögen, denn sie bringt sehr klare Tiefenwirkungen hervor. Mehrere transparente Plexiglasplatten als Träger ergeben fabelhafte 3D-Effekte, ganz gleich, ob Sie eine Landschaft staffeln, mit abstrakten Formen spielen oder einen Gegenstand zum Leben erwecken. Eine witzige Methode besteht darin, auf allen Platten Kopien desselben Motivs zu verarbeiten. Beginnen Sie ganz unten mit dem kompletten Bild und nehmen in jeder Lage etwas mehr davon weg, bis Sie in der obersten Schicht angekommen sind. Bei einem Gesicht würde ich mit der ganzen Kontur anfangen und dann schichten, bis in der obersten Lage nur noch Nasenspitze, Kinn und vielleicht ein Büschel Haare übrig bleiben. Die Technik bietet sich hervorragend zum Experimentieren und für Reflexionen über Formen an.

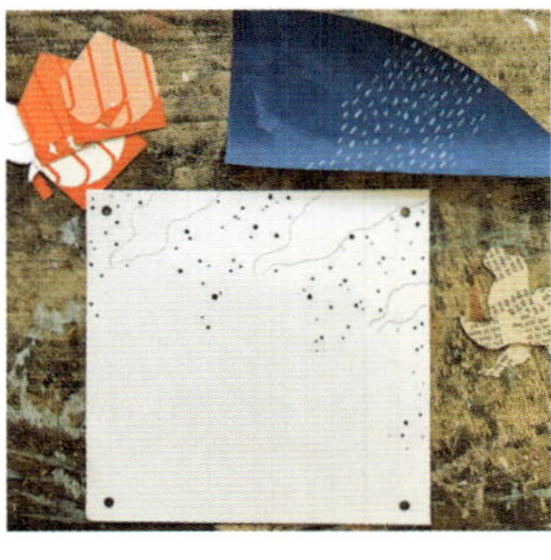

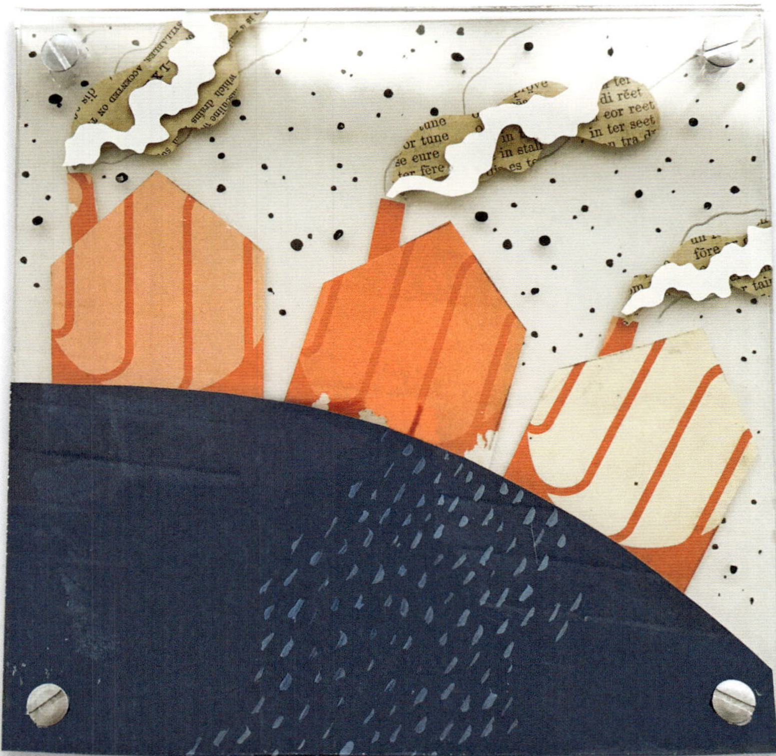

MATERIAL

- Mehrere gleich große Plexiglasplatten (ich nehme gern fünf Platten von 20 x 20 cm)
- Papierreste
- Klebepunkte
- Abstandhalter aus Edelstahl oder ein Objektrahmen

Legen Sie fest, welche Ausschnitte in welche Lage gehören, und schichten Sie sie auf. Sie können später immer noch alles anders anordnen, aber so haben Sie erst einmal eine Grundidee für Ihre Komposition. Meist legt man die größten Ausschnitte nach unten und die kleinsten nach oben, damit keine Elemente völlig unter anderen verschwinden.

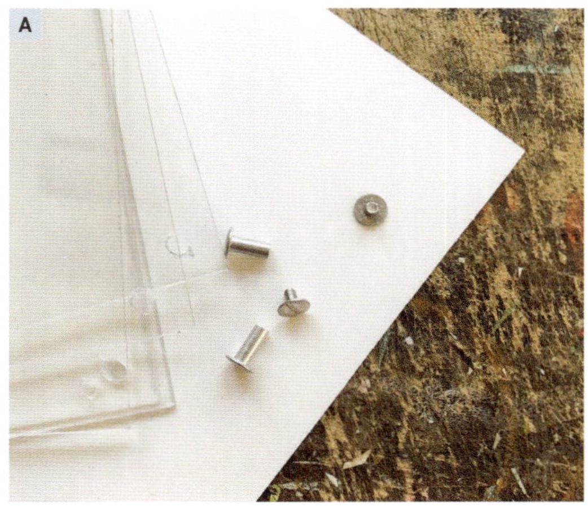

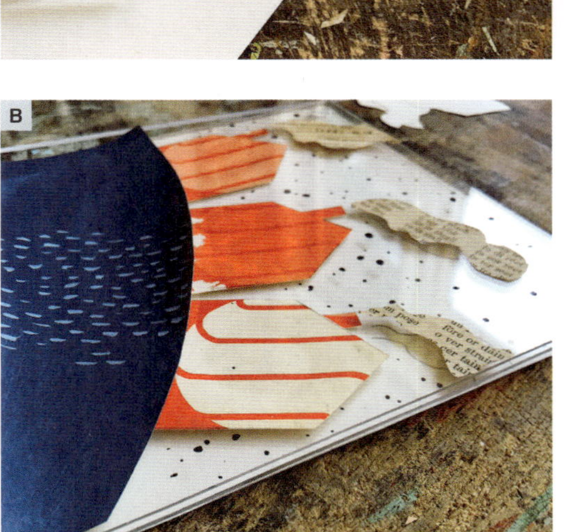

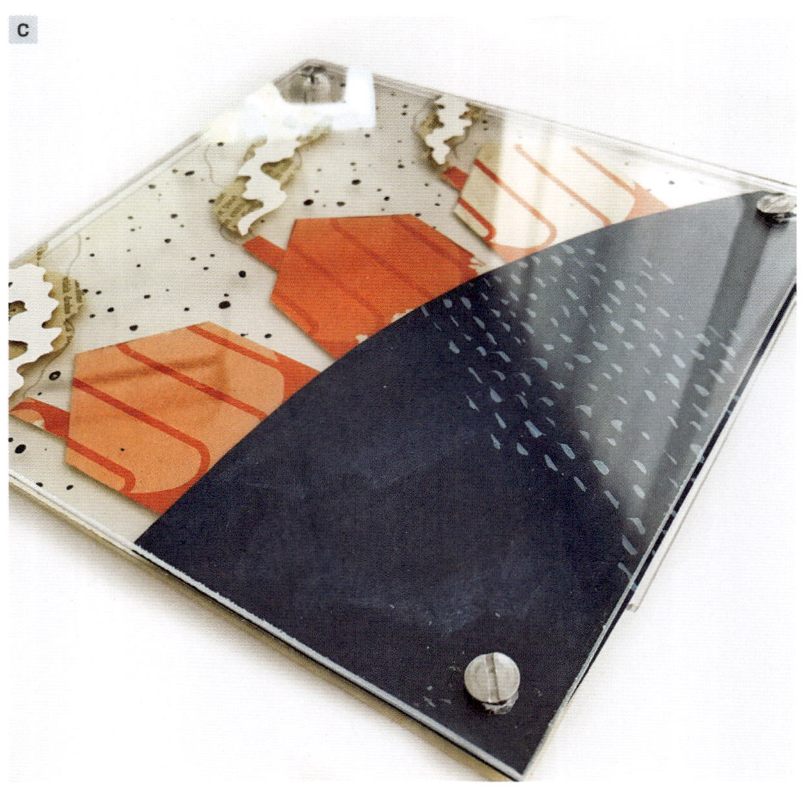

1 Die Ecken der Plexiglasplatten jeweils mit einem Stückchen Kreppband bekleben, damit sie beim Bohren nicht splittern. Die Platten aufeinanderlegen und mit der Bohrmaschine den ganzen Stapel in jeder Ecke durchbohren. Die Löcher müssen die richtige Weite und Tiefe für die Abstandhalter aufweisen. Sollten sie zu kurz oder lang sein, nehmen Sie eine Platte weg oder fügen eine hinzu. (A)

2 Legen Sie nun auf einer Plexiglasplatte den Hintergrund Ihrer Collage an und heften die Teile mit Klebepunkten fest. Bauen Sie Schicht für Schicht die weiteren Lagen auf. Achten Sie darauf, dass Ihre Platzierung die dreidimensionale Wirkung unterstreicht. Wenn Sie feuchtes Material wie Malfarben verwenden, lassen Sie sie zunächst trocknen, bevor Sie die nächste Schicht hinzufügen. (B)

3 Wenn alles fertig ist und Sie mit Ihrem Werk zufrieden sind, richten Sie die Löcher aller Platten genau aus und fixieren den Stapel mit den Abstandhaltern. Sie können das Bild an die Wand hängen, in einem Regal senkrecht aufstellen oder flach auf eine Tischplatte legen. (C)

WANDKUNST

Bei manchen der vorigen Projekte haben Sie sich schon die Hände schmutzig gemacht, aber jetzt geht es richtig zur Sache. Bei dieser aus der Streetart entlehnten Technik kommen Klebstoff und Papier auf großen Flächen zum Einsatz. Ob Sie dies im Haus oder draußen tun, bleibt Ihnen überlassen. An Innenwänden halten sich Kunstwerke aus Papier natürlich länger, aber im Gegensatz zu Graffiti wird man Kleisterbilder mit ein wenig Muskelkraft und einem Schwamm schnell wieder los. An Außenwänden sorgt die Natur dafür, dass sie innerhalb weniger Monate von selbst verschwinden.

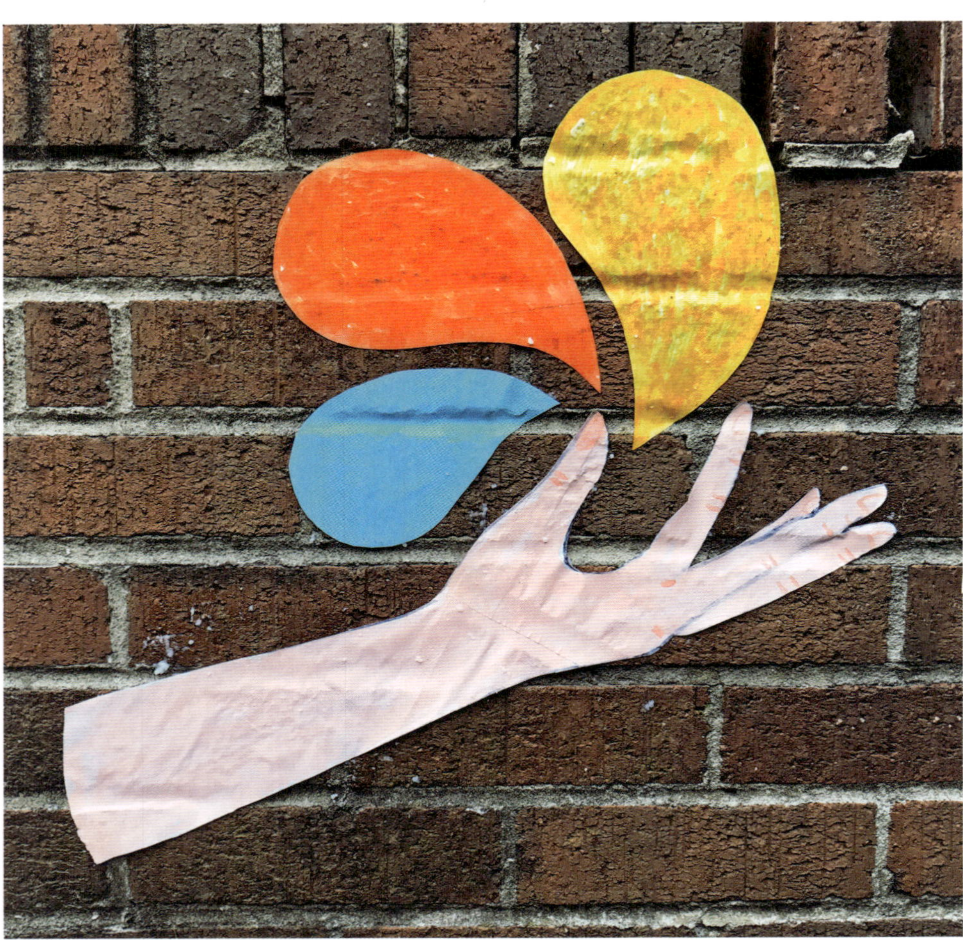

MATERIAL

- Mehl
- Wasser
- Eimer
- Farben, Marker oder andere Materialien für Ihre Kleister-Collage
- Kreppband
- Große Pinsel oder Farbrolle
- Große Papierbögen oder kleinere Blätter (z. B. Kopierpapier), die Sie mit Klebestreifen zusammenfügen können

-----

Rezepte für Kleister finden Sie im Internet. Bei der einfachsten Variante bringen Sie 950 ml Wasser zum Kochen und geben 125 g Weizenmehl dazu. Gründlich rühren, bis möglichst keine Klumpen mehr vorhanden sind. Irgendwann sieht der Brei nicht nur wie Kleister aus, sondern ist auch welcher! Möglichst bald verarbeiten oder im Kühlschrank aufbewahren.

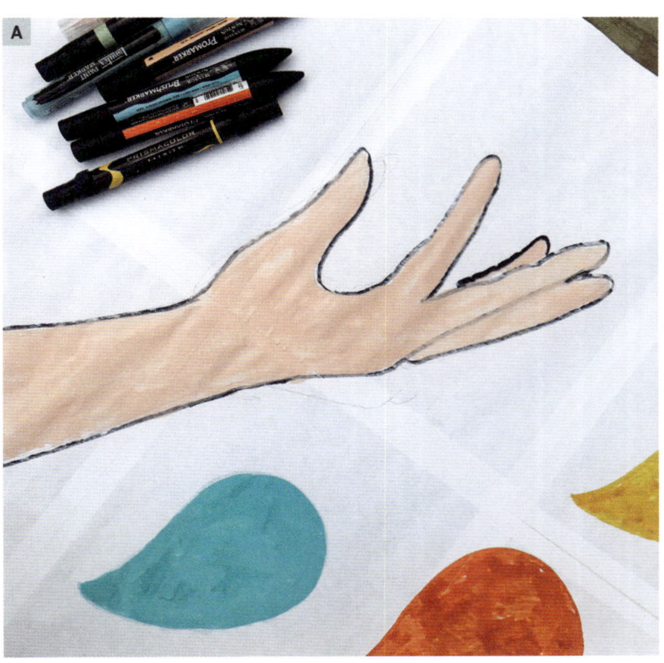

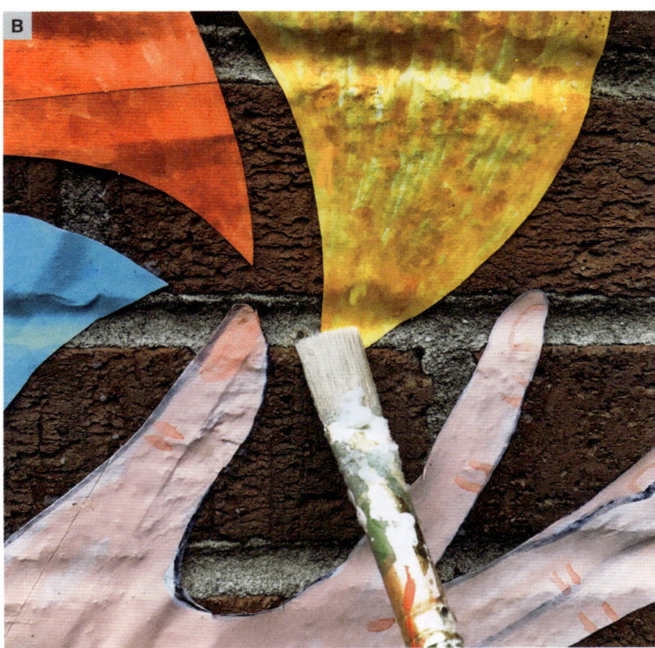

1 Bringen Sie Ihre Ideen mit Farben oder Filzstiften auf das Papier. Wenn Sie fertig sind und alles durchgetrocknet ist, schneiden Sie die Motive aus. (A)

2 Denken Sie vor dem Kleistern daran, dass Ihr Werk möglichst nur Ihre eigenen Wände zieren sollte, z. B. die Garagenmauer, den Gartenzaun oder eine Kellerwand. Auch wenn man das Papier restlos wieder entfernen kann, dürfen Sie es nicht einfach an die Zäune oder Mauern anderer Leute kleistern (das gilt als Sachbeschädigung). Verteilen Sie den Kleister mit der Rolle oder einem dicken Pinsel auf der Wandfläche. Drücken Sie die Papierstücke Ihrer Collage hinein, überziehen Sie sie erneut mit Kleister und lassen alles gut trocknen. Sie können auch in mehreren Lagen arbeiten, denn der Kleister wird beim Trocknen glasklar. (B)

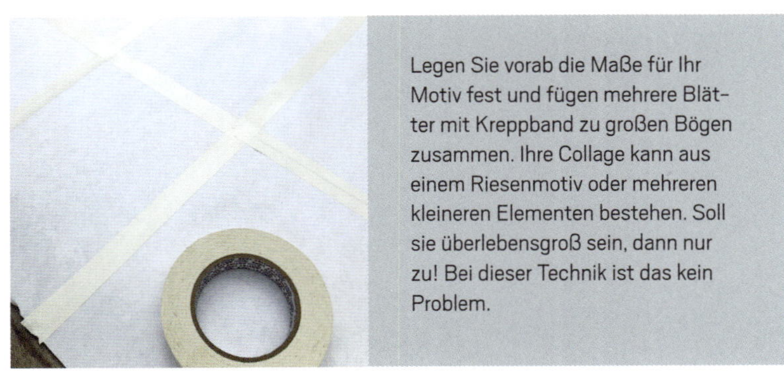

Legen Sie vorab die Maße für Ihr Motiv fest und fügen mehrere Blätter mit Kreppband zu großen Bögen zusammen. Ihre Collage kann aus einem Riesenmotiv oder mehreren kleineren Elementen bestehen. Soll sie überlebensgroß sein, dann nur zu! Bei dieser Technik ist das kein Problem.

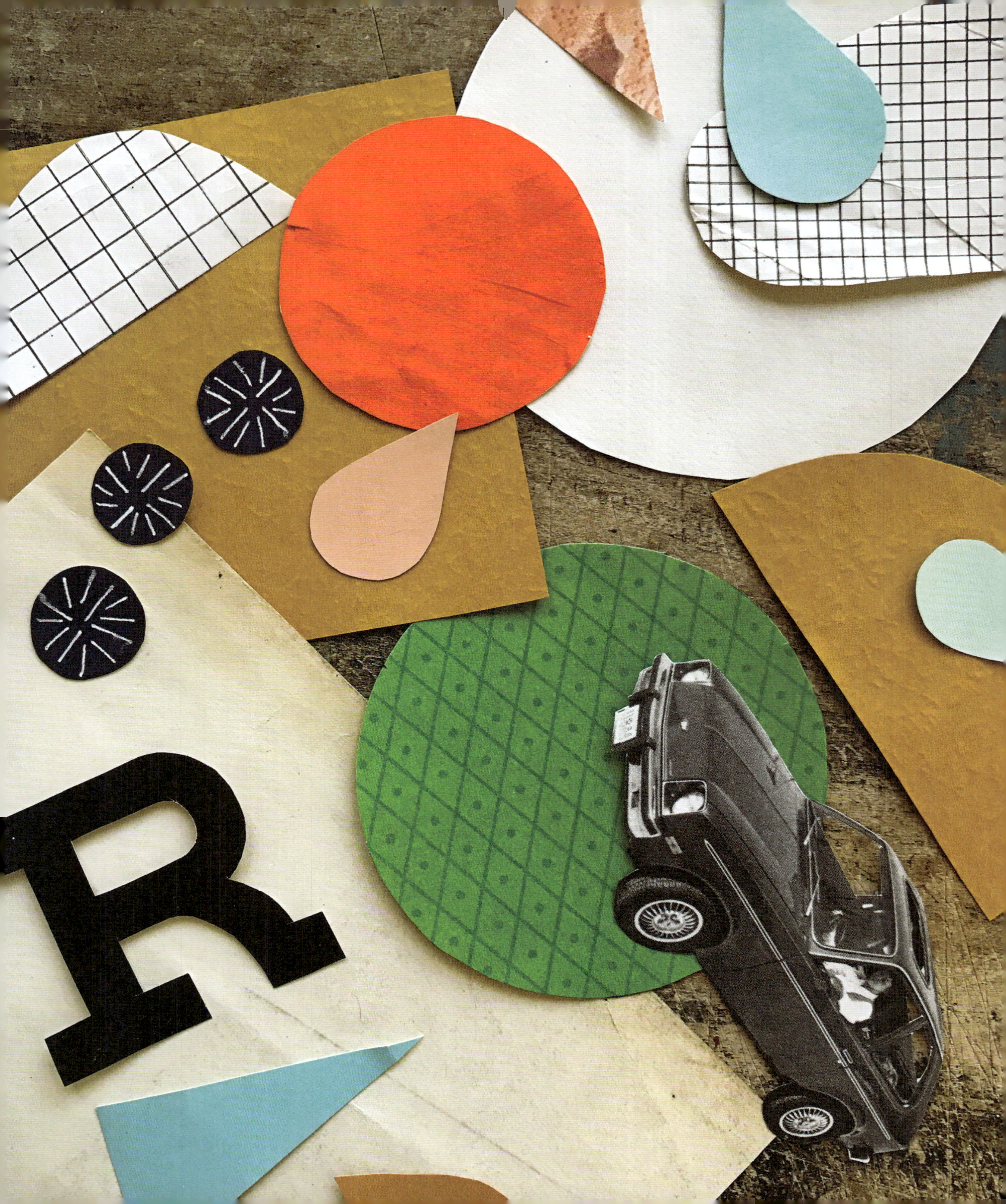
R

3

Grundregeln für den Bildaufbau

Bildkomposition ist ein wundervoller Mix aus Mathematik und Bauchgefühl. Sie können ein Gitternetz auf eine Leinwand legen und alle Elemente messen, zählen und skalieren, bis sie perfekte Proportionen aufweisen, und damit fabelhafte Ergebnisse erzielen. Aber manchmal ist die Komposition erst stimmig, wenn eines der Elemente ein bisschen aus der Reihe tanzt. Dann fühlt es sich perfekt an, so wie wenn die Scheibenwischer sich beim Autofahren genau im Takt der Musik bewegen. Das Schöne ist, dass keine der beiden Methoden falsch oder richtig, besser oder schlechter ist. Beim Bildaufbau braucht man beide. In diesem Kapitel erläutere ich meine Lieblingsregeln; wir schauen uns Beispiele an und überlegen, was Sie damit machen können. Vielleicht wird Ihnen das alles zu viel und Sie denken: „Hollie, ich will doch nicht auf die Kunstakademie. Ich möchte einfach nur Sachen zusammenkleben!“ Das ist absolut okay. Sie dürfen dieses Kapitel gern überspringen und gleich zu den Übungen gehen, aber ich wette, dass Sie, ohne es zu merken, einige dieser Regeln ganz automatisch befolgen, damit Ihre Bilder „stimmig“ sind (hier kommt wieder das Bauchgefühl ins Spiel). Im Kapitel mit den Übungen finden Sie später einige der Beispiele wieder.

In diesem Teil schauen wir uns ein paar kompositorische Grundprinzipien an:

- Einheitlichkeit
- Gleichgewicht
- Bewegung
- Rhythmus
- Schwerpunkt
- Kontrast
- Proportion und Maßstab
- Räumlichkeit
- Die Drittel-Regel

EINHEITLICHKEIT

Wenn Sie eine Komposition anschauen und nichts Sie vom Gesamteindruck ablenkt, dann ist sie einheitlich, das heißt harmonisch und in sich geschlossen. Man erreicht diesen Effekt, indem man durchweg dieselbe Form verwendet, die Farben gleichmäßig verteilt und ein zentrales Thema wiederholt.

Man unterscheidet *Einheitlichkeit ohne Variationen* und *Einheitlichkeit mit Variationen*.

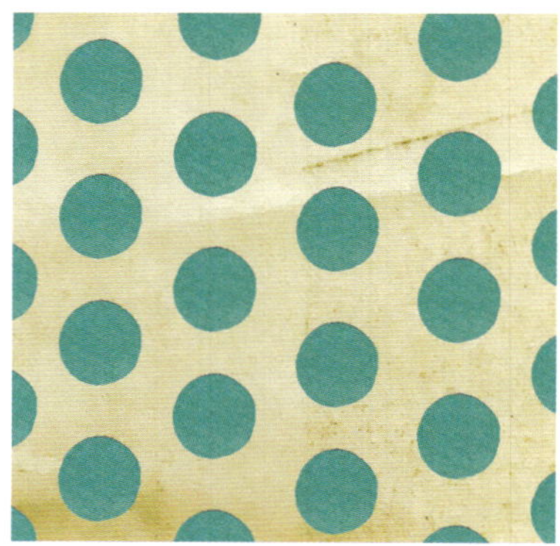

EINHEITLICHKEIT OHNE VARIATIONEN
Wenn alle Punkte in Ihrer Komposition türkisblau und gleich groß sind, dann sind sie *einheitlich ohne Variationen*. Ein solches Muster kann ein wenig langweilig sein, aber auch beruhigend und heiter wirken.

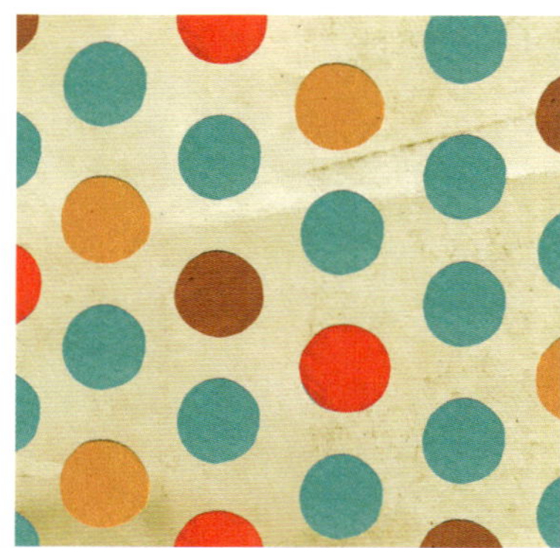

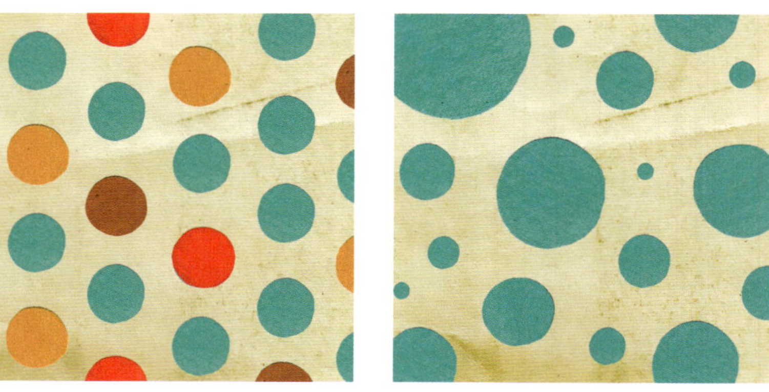

EINHEITLICHKEIT MIT VARIATIONEN
Weisen die Punkte in Ihrer Komposition ganz unterschiedliche Farben und/oder Größen auf, dann sind sie *einheitlich mit Variationen*. Solche Muster sind meist interessanter anzuschauen und sorgen für Bewegung und Fluss.

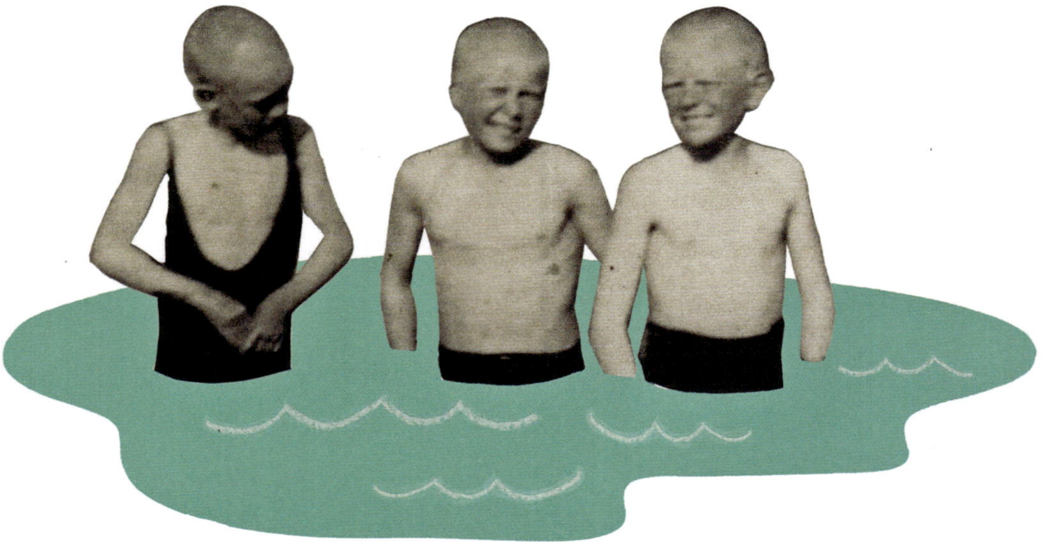

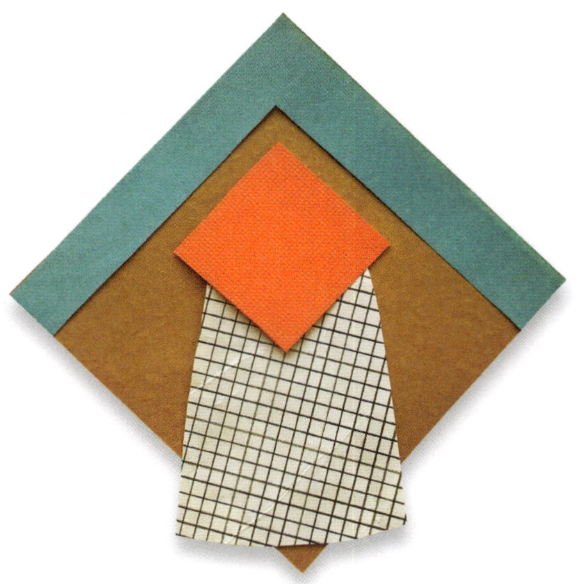

Einheitlichkeit durch rechte Winkel

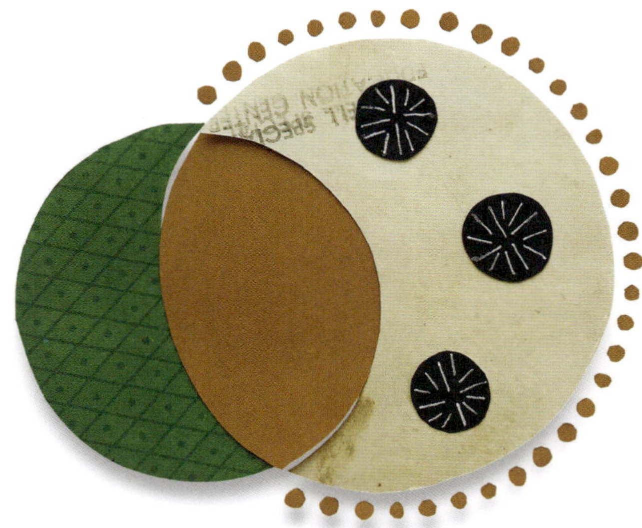

Einheitlichkeit durch ähnliche Formen; der geteilte Kreis dient als Schwerpunkt

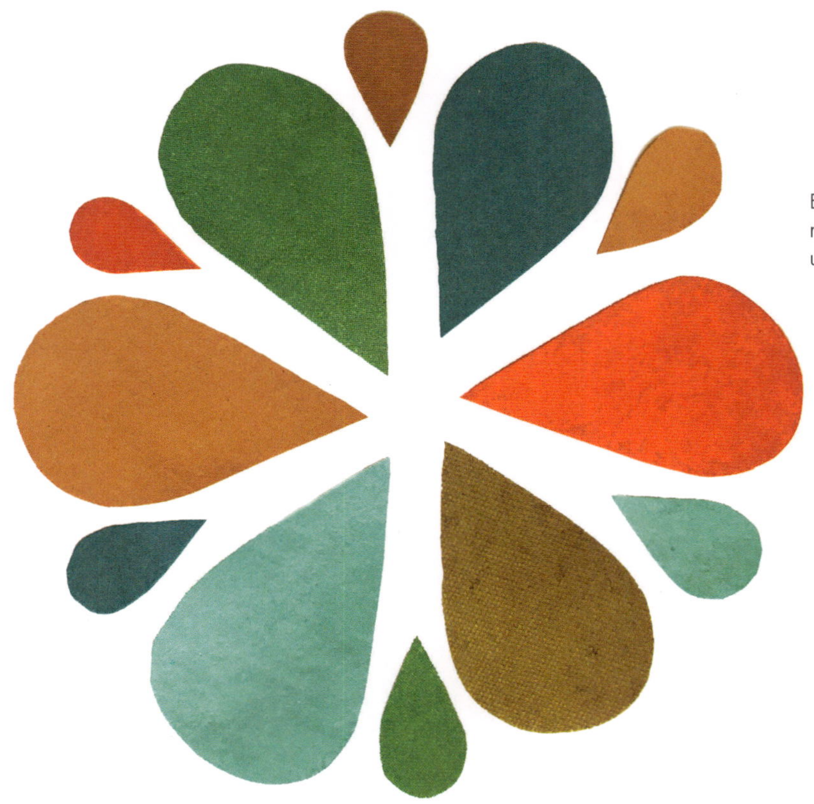

Einheitlichkeit durch gleiche Formen in unterschiedlichen Farben und Größen

GLEICHGEWICHT

In meinen Augen hat das Gleichgewicht am meisten mit Bauchgefühl zu tun. Es sagt mir, dass mein Bildaufbau nicht „hängt“, dass nicht eine Seite schwerer ist als die andere. Symmetrie vermittelt Ruhe und Gelassenheit, Asymmetrie erzeugt Spannung und Bewegung. Ausbalancieren kann man eine Komposition unter anderem durch Formen, Farben und stoffliche Dichte in allen erdenklichen Kombinationen. Ein kleiner dunkler Kreis bildet das Gegengewicht zu einem großen hellen Kreis, kleinflächige kräftige Farben zu großflächigen gedeckten Farben, kleine gemusterte Papierstücke zu großen einfarbigen Flächen oder mehrere kleine Elemente zu einer großen Form.

Die ausgewogene Wirkung basiert auf dem visuellen „Gewicht“ all dieser Dinge. In Bildkompositionen unterscheidet man zudem *symmetrisches Gleichgewicht* und *asymmetrisches Gleichgewicht*.

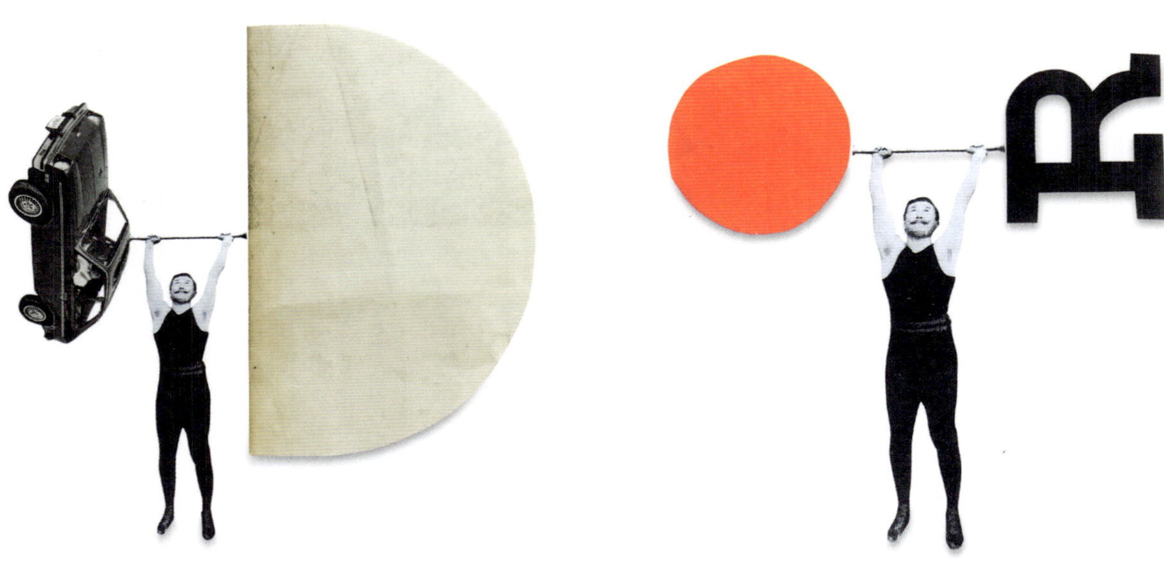

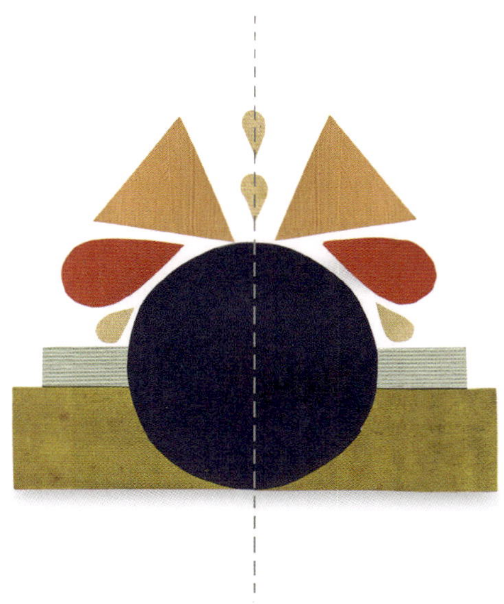

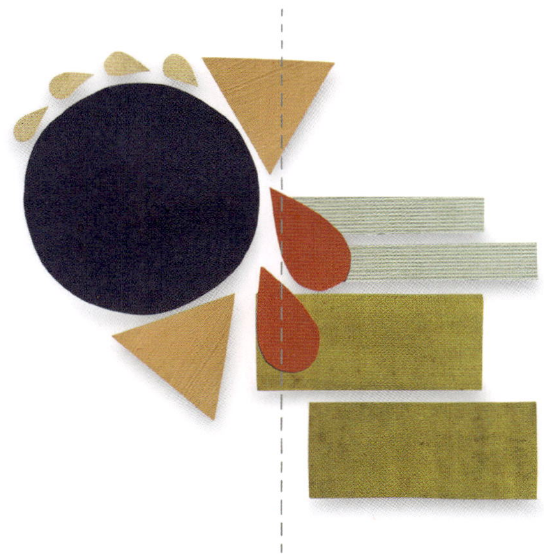

SYMMETRISCHES GLEICHGEWICHT

Zieht man eine Linie senkrecht mitten durch ein Bild und beide Seiten sind exakt gleich, spricht man von einem *symmetrischen Gleichgewicht*. Es vermittelt einen Eindruck von Ordnung, Stabilität und Beständigkeit.

ASYMMETRISCHES GLEICHGEWICHT

Sind die beiden Seiten nicht identisch, aber visuell ausbalanciert, dann hat man es mit einem *asymmetrischen Gleichgewicht* zu tun. Und das kann sehr attraktiv sein, denn es ist meist visuell reizvoller als Symmetrie und vermittelt dem Bild Spannung und Bewegung.

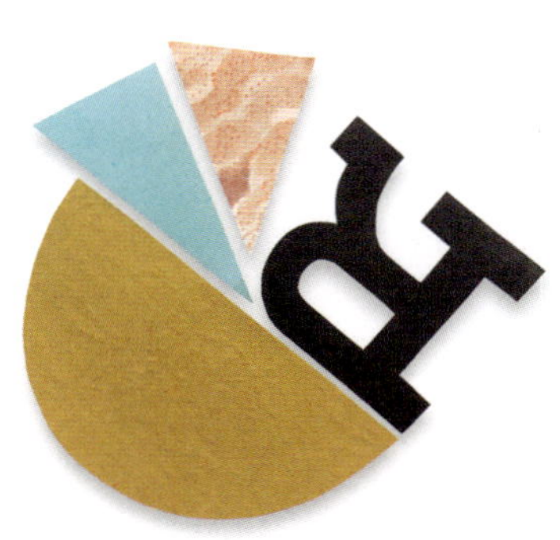

Der dunkle Buchstabe rechts bildet mit seiner komplexen Form das Gegengewicht zu den einfachen, blasseren Formen links.

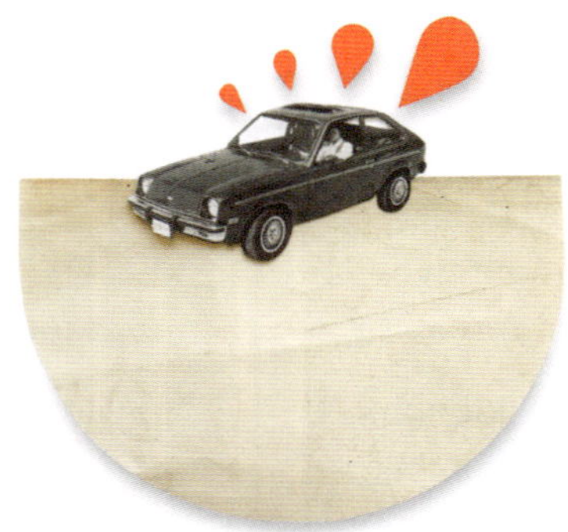

Das Gegengewicht zum schwereren Autokühler links bilden die nach rechts anschwellenden roten Tropfen.

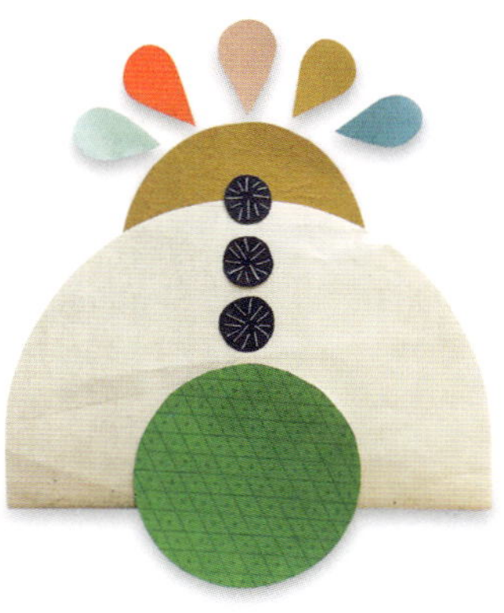

Symmetrisch streng aufgebaut wirkende Kompositionen lassen sich durch Farben und Muster auflockern.

BEWEGUNG

Wenn man als Kind beim Zeichnen Bewegung andeuten wollte, haben alle den gleichen Trick angewandt: Vom Gegenstand ausgehend oder rings um ihn herum gezeichnete Striche, die die physische Bewegung signalisieren sollten. Je nach Form und Anordnung konnten die Objekte rennen, sich schlängeln oder hüpfen. Dies funktioniert heute noch genauso gut wie damals.

Raffinierter ist es allerdings, wenn man Objekte in einer Komposition in der Bewegung erstarrt zeigt, etwa einen Vogel im Flug. Oder man kann mit Diagonalen oder versetzten Linien eine Illusion physischer Bewegung erzeugen.

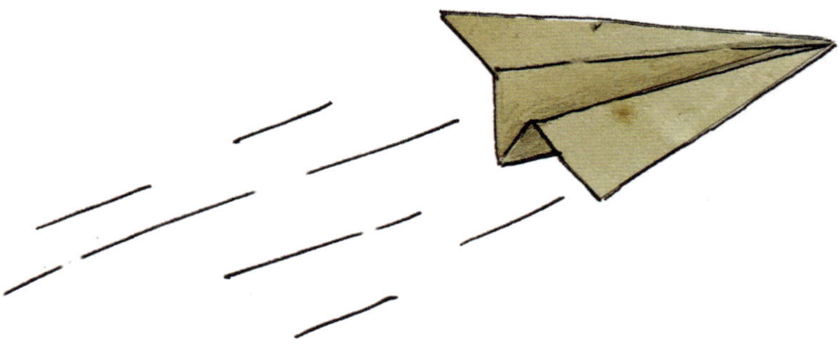

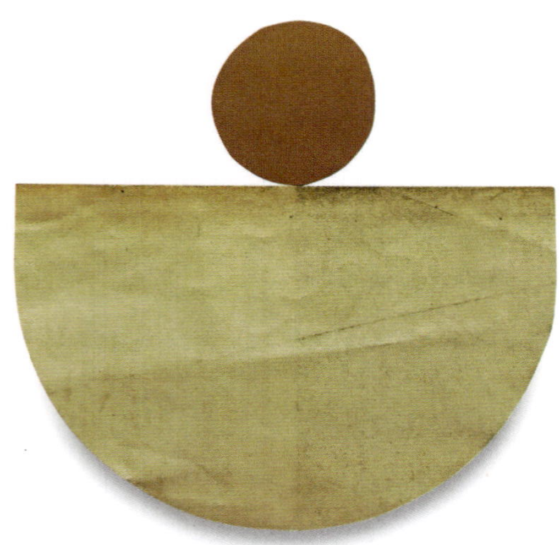

Waagerechte Linien und der mittige Schwerpunkt vermitteln hier den Eindruck von Stillstand.

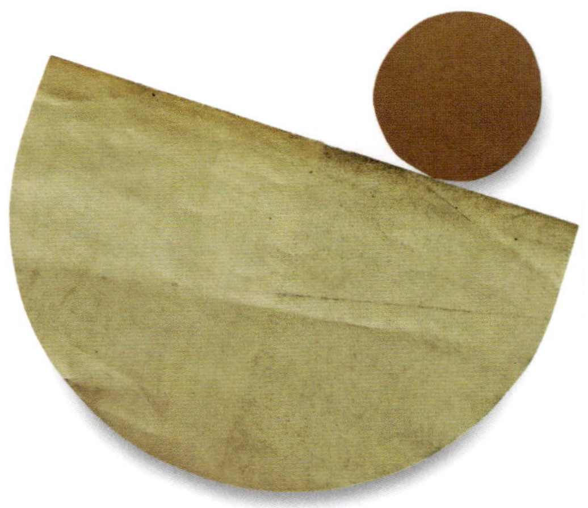

Durch die Diagonale und die Verlagerung des Schwerpunkts kommt Bewegung in die Komposition.

Die Bewegung kann auch darin bestehen, dass der Blick des Betrachters in der Komposition umherwandert und um sie herumgeht. Durch die Anordnung der Elemente, wiederholte Formen und Farben, gedachte Linien und Führungslinien lässt sich die Bewegung steuern.

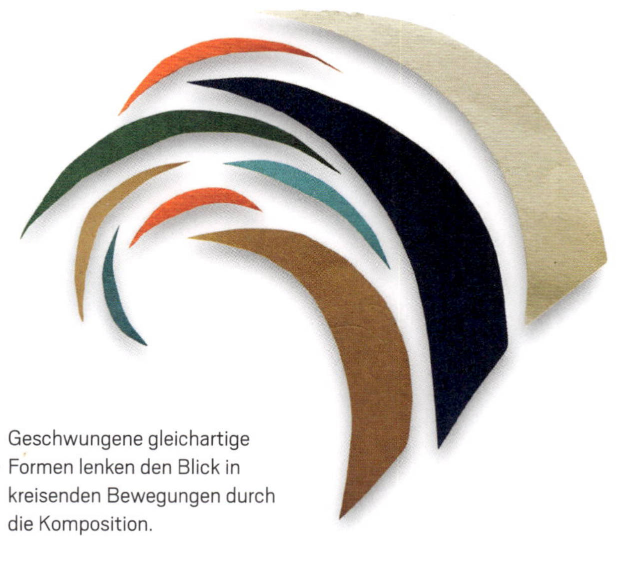

Geschwungene gleichartige Formen lenken den Blick in kreisenden Bewegungen durch die Komposition.

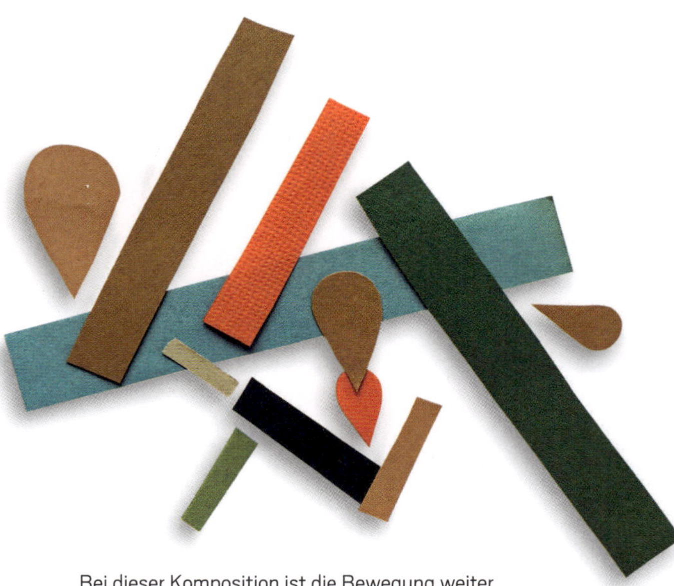

Bei dieser Komposition ist die Bewegung weiter gestreut, sodass der Blick in verschiedenen Richtungen hin und herspringt.

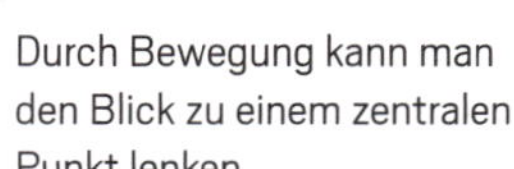

Durch Bewegung kann man den Blick zu einem zentralen Punkt lenken.

RHYTHMUS

Was sagt Ihnen *Tempo* in Bezug auf Kunst? Sicher kennen Sie den Begriff aus der Musik, doch unsere Augen folgen dem Takt einer Bildkomposition genauso, wie unsere Ohren Rhythmus, Fluss und Dynamik in einem Lied nachvollziehen. Die Muster und Beziehungen zwischen Positiv- und Negativraum machen den visuellen Rhythmus einer Komposition aus, und jedes Muster hat seinen eigenen „Sound". Geschwungenen, großen Formen folgt unser Blick hin und her, gedachte Linien führen ihn auf und ab. Eng stehende Motive mit wenig Negativraum dazwischen erzeugen schnellere Rhythmen, während Muster mit gleichmäßigen, breiten Zwischenräumen einen ruhigen, beständigen Takt vorgeben.

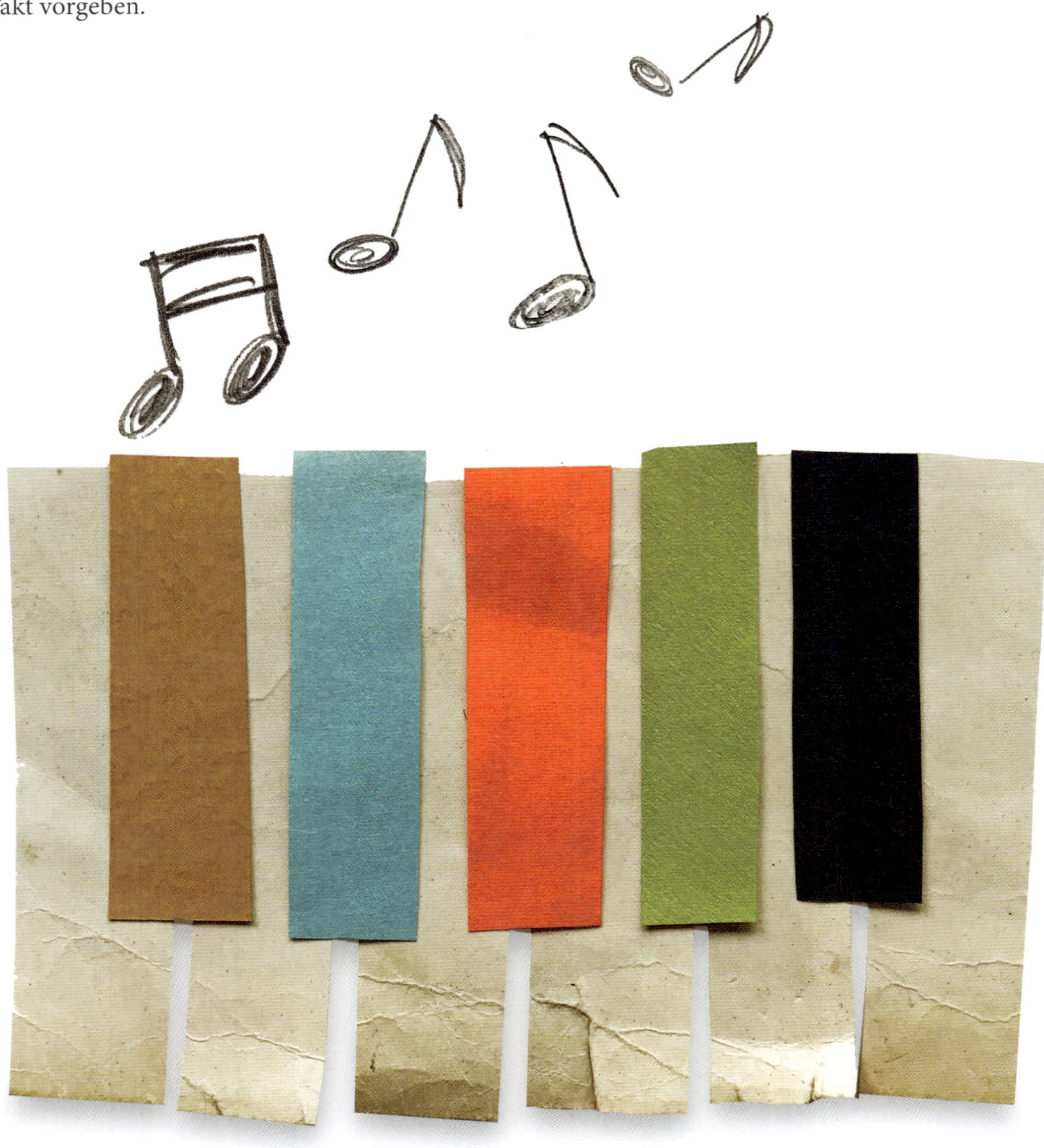

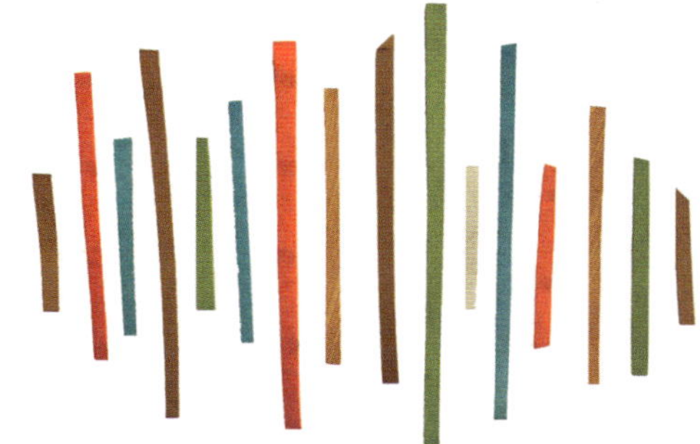

Dicht aneinandergereihten Elementen folgen die Augen mit kurzen, schnellen Bewegungen.

Ausladend gerundete Motive in ähnlichen Formen erzeugen einen ganz anderen Rhythmus. Der Blick wandert bedächtiger über die geschwungenen Pfade.

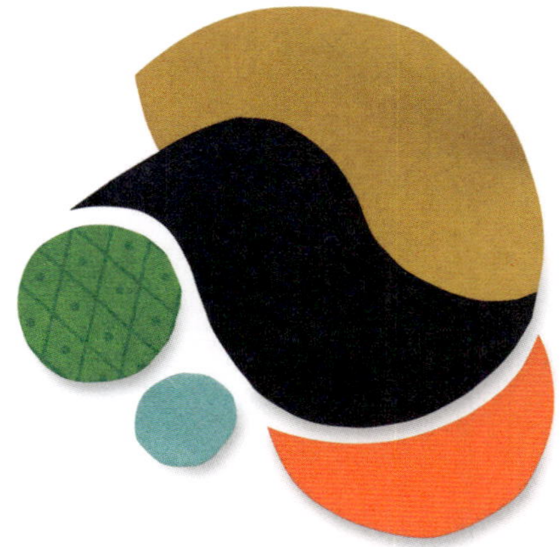

Die wiederholten Rundungen lenken den Blick in beschwingtem Tempo durch die Komposition.

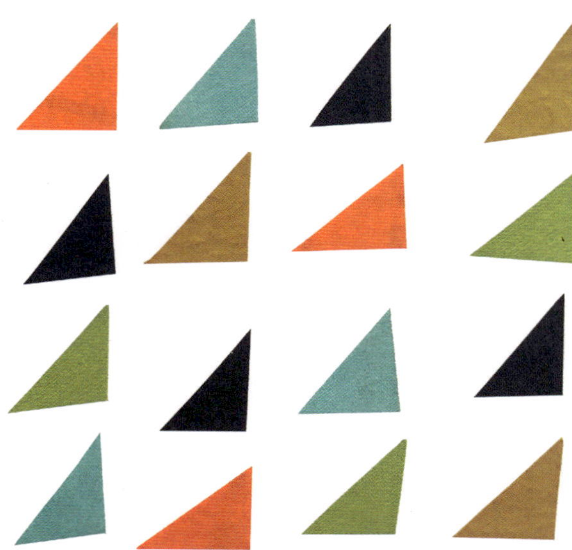

Akkurat angeordnete gleichförmige Elemente erzeugen einen sehr beständigen visuellen Rhythmus.

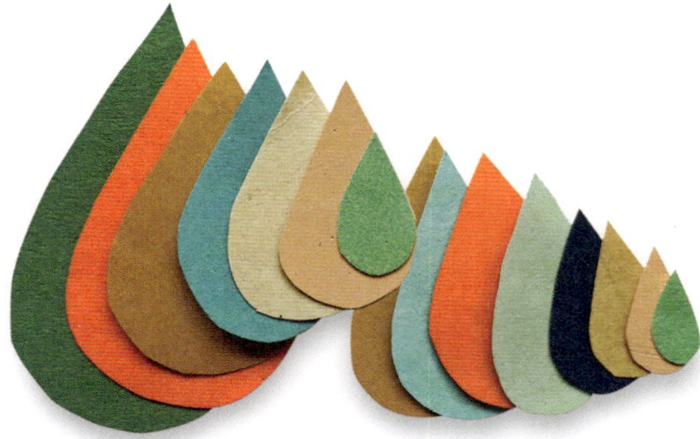

Sind die Elemente leicht unterschiedlich, ist der Rhythmus genauso ruhig, aber interessanter.

SCHWERPUNKT

Beim Betrachten einer Komposition erkennt man ihren Hauptschwerpunkt meist auf Anhieb. Es ist der Punkt, der die Aufmerksamkeit sofort auf sich zieht und sie fesselt. Fehlt er, wandert der Blick etwas ratlos hin und her. Es gibt mehrere Möglichkeiten, einen Schwerpunkt zu schaffen, zum Beispiel, indem man das größte, bunteste Element genau in die Bildmitte setzt. Das funktioniert immer. Raffinierter sind etwa ein sehr heller oder sehr dunkler Farbklecks als Blickfang an einer bestimmten Stelle, ein scharfer Kontrast, ein Punkt, an dem mehrere Linien zusammenlaufen, oder ein abseits der übrigen Bestandteile einer Komposition isoliert stehendes Element.

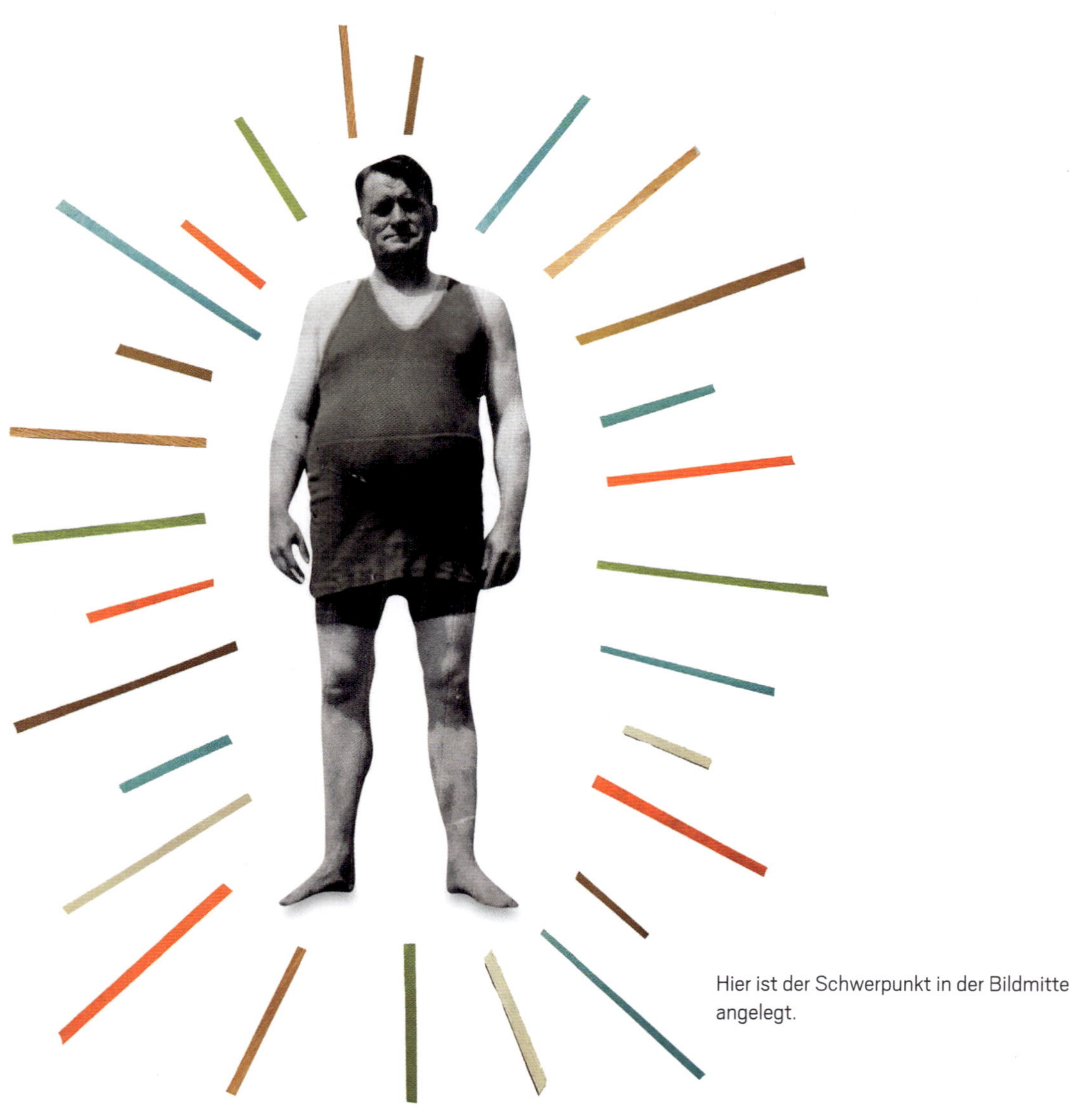

Hier ist der Schwerpunkt in der Bildmitte angelegt.

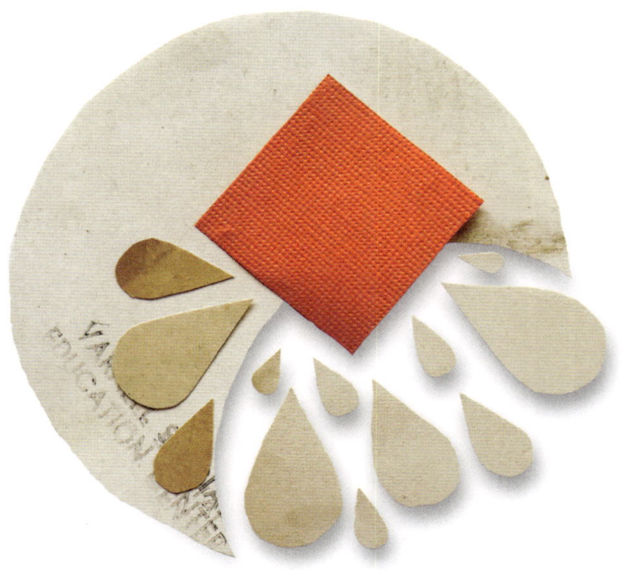

Der Schwerpunkt kann ein bunter Klecks zwischen gedeckten Farben sein.

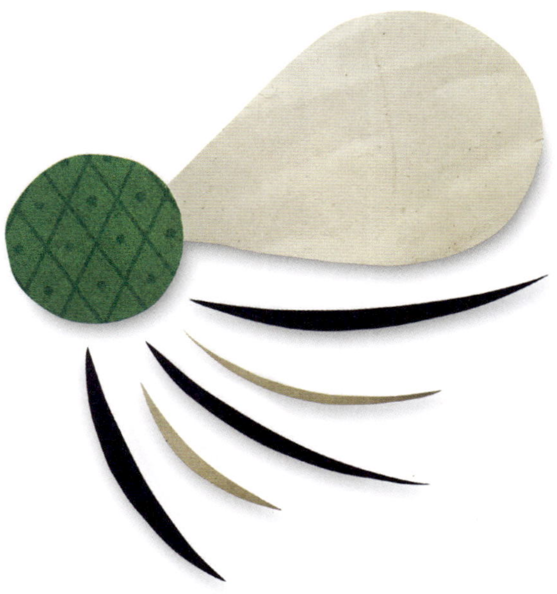

Führungslinien lenken den Blick zum zentralen Punkt.

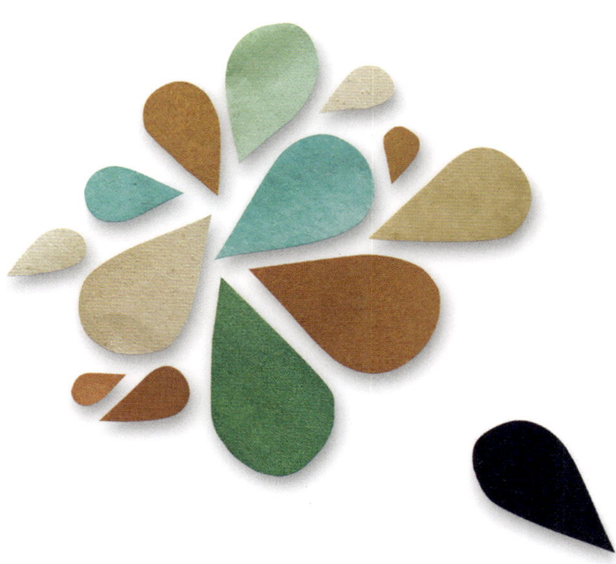

Hier ist der Schwerpunkt von den übrigen Elementen abgesetzt und wird dadurch betont.

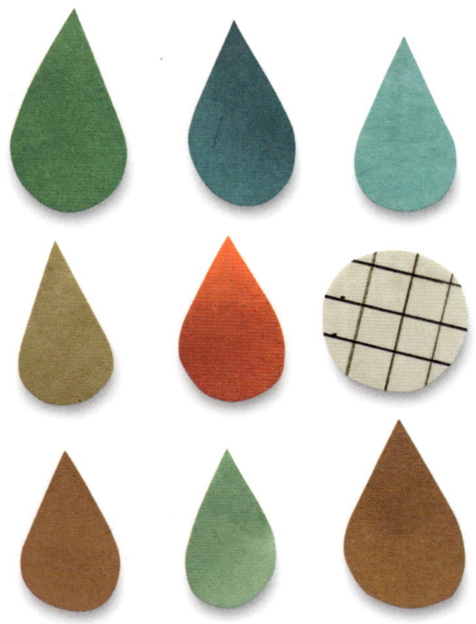

Bei dieser Herangehensweise gestaltet man ein einzelnes Element auffallend anders als alle übrigen Teile. Zum Schwerpunkt wird es durch eine Form oder Farbe, die nirgends sonst in der Komposition auftaucht.

KONTRAST

Als Kontrast bezeichnet man die Unterschiede zwischen den Elementen einer Komposition. Bei visuellen Kontrasten fällt den meisten als Erstes der krasse Gegensatz zwischen hell und dunkel ein. Schwarzweißbilder mit hohem Kontrast weisen viel Schwarz und Weiß mit nur wenigen Graustufen dazwischen auf. Sehr dunkle und sehr helle Farbtöne können dramatische Effekte erzeugen und eine ansonsten etwas fade Collage erstaunlich beleben, aber es gibt weitere Möglichkeiten, Kontraste durch Farben, Texturen und Formen zu erzielen. Die Intensität des Kontrasts kann Stimmung und Helligkeit eines Bilds verändern, den Schwerpunkt hervorheben und den Blick durch die Komposition leiten.

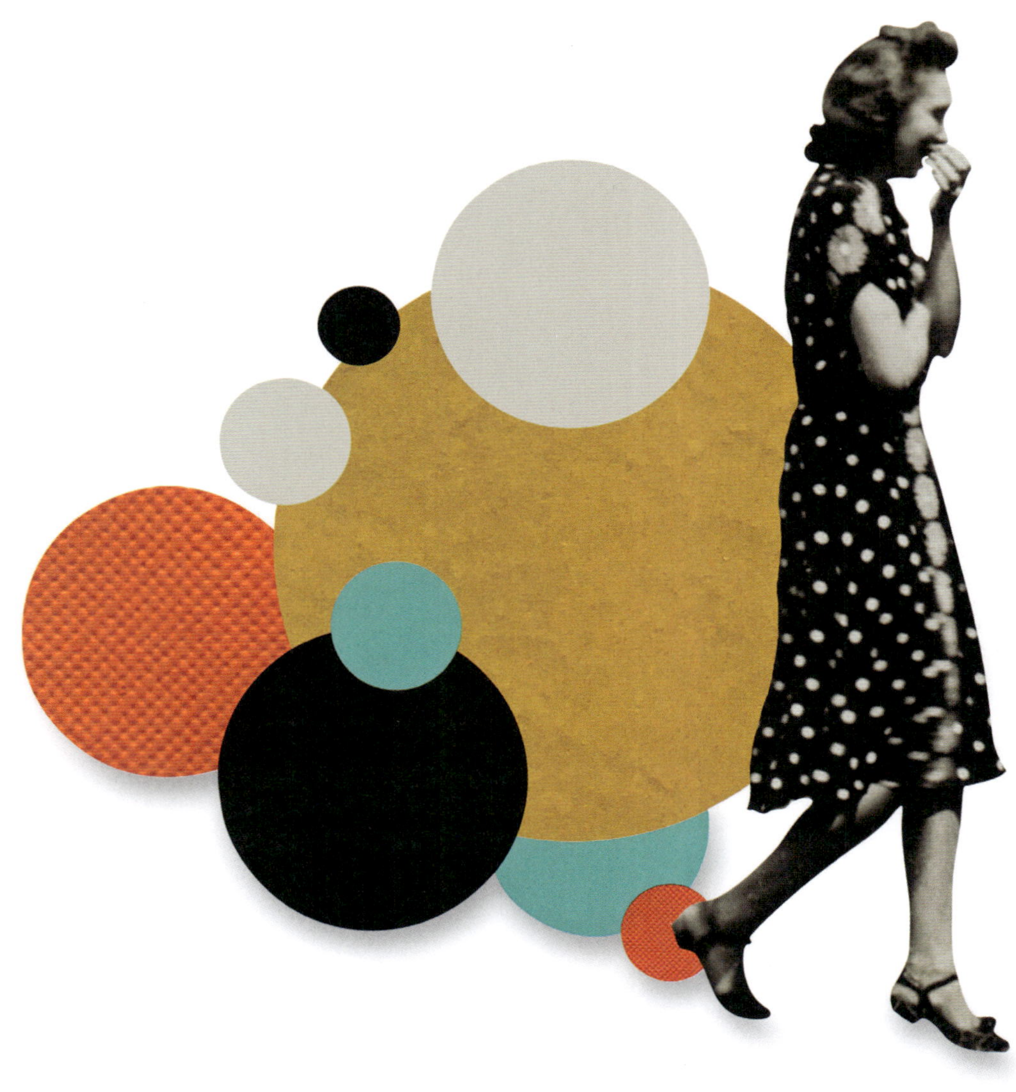

Kontraste durch Farbe funktionieren gut. Scharfe Kontraste bestehen zwischen Komplementärfarben (die sich auf dem Farbkreis direkt gegenüberliegen). Vor allem satte Farben, die direkt nebeneinander gesetzt sind, wirken so in einer Komposition aufregend.

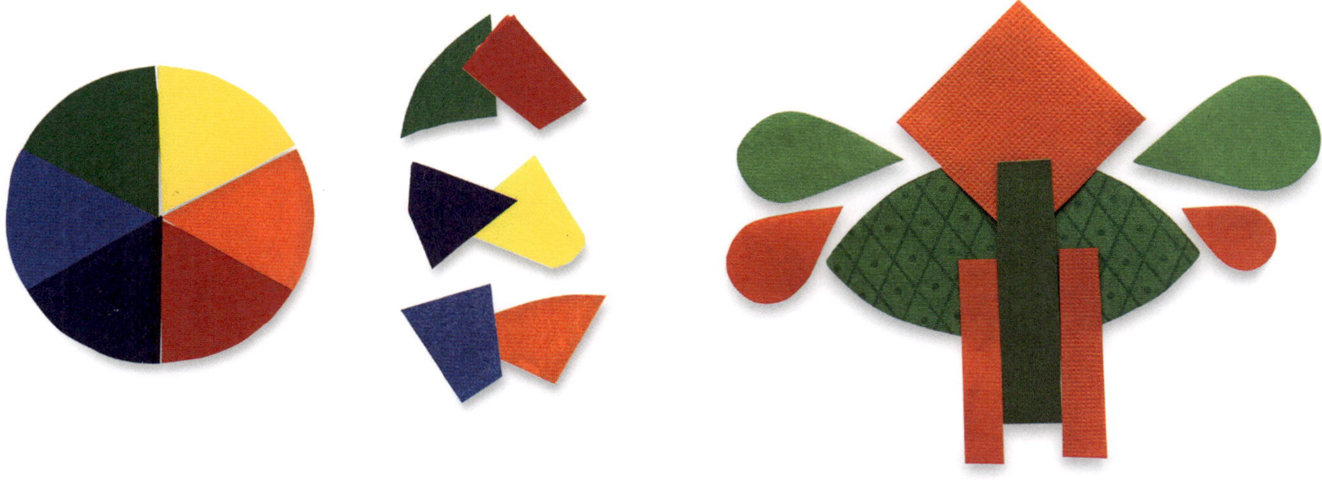

Kontrast durch Farbe

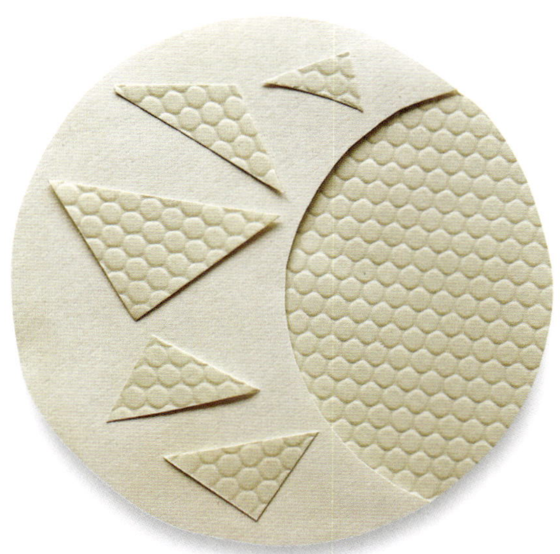

Kontrast durch unterschiedliche Textur

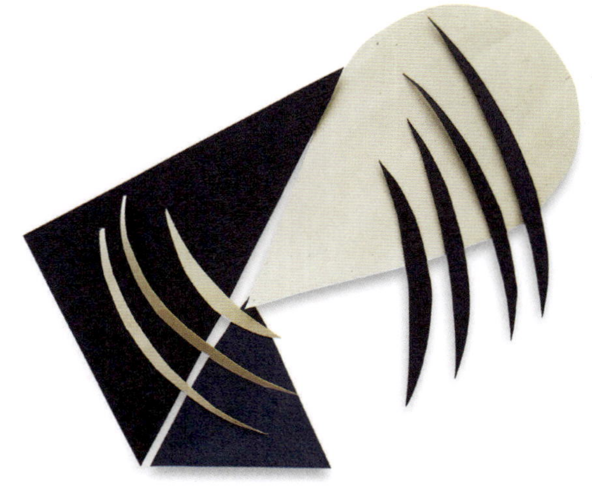

Hell-Dunkel-Kontrast

PROPORTION UND MASSSTAB

Proportion und Maßstab gehen oft Hand in Hand. Beide beziehen sich, wenn auch auf unterschiedliche Weise, auf die Größe eines Elements und sein Verhältnis zu anderen Bildelementen. Ein Beispiel für Proportionen: Sie wollen deutlich machen, dass jemand Dinge in 100 Kilometern Entfernung erspähen kann – machen Sie seine Augen in der Collage einfach größer als das restliche Gesicht! Ein Beispiel für Maßstab ist die Größe des Gegenstands, den die Person sieht. In diesem Fall ist es ein nur klitzekleiner und dadurch fast schon putziger Tiger. Die Skalierung ist ein wichtiges Element in Darstellungen und Illustrationen. Tiger in der Größe einer Maus oder eines Linienbusses erzählen zwei völlig verschiedene Geschichten und wiederum eine andere als eine normal große Raubkatze. Mithilfe von Proportionen und Maßstab können Sie Gefühle wiedergeben, Schwerpunkte setzen und Ihre Komposition attraktiver machen, einfach indem Sie die Größe der Teile im Verhältnis zueinander variieren.

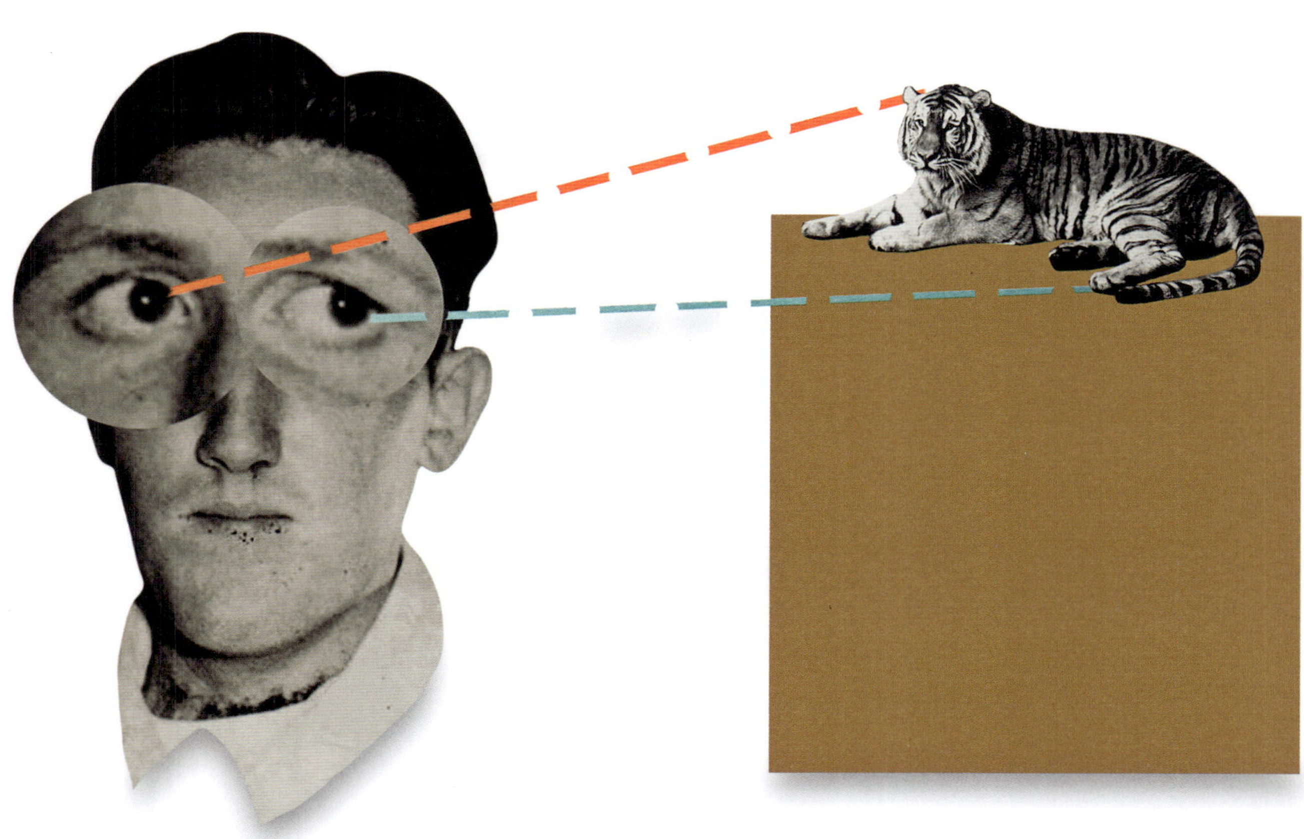

Proportionen beschreiben die Größe der Teile in einem Ganzen.

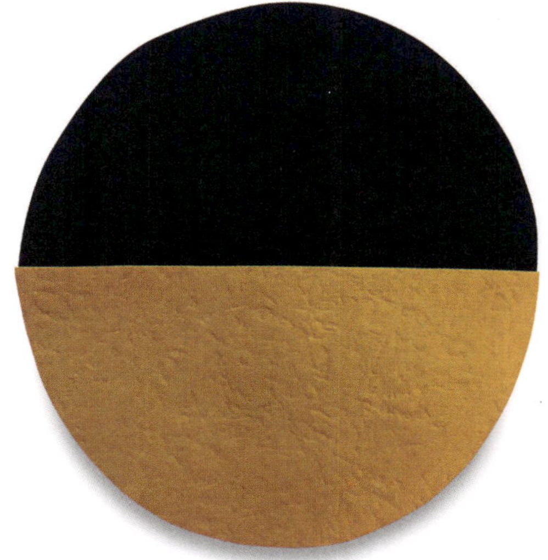

Gleich große Teile können eine Komposition etwas langweilig wirken lassen.

Unterteilt man ein Ganzes in ungleiche Stücke, wirkt das oft spannender und damit auch attraktiver.

Maßstab bezieht sich auf das optische Verhältnis zweier in sich geschlossener Elemente.

Extreme Größenunterschiede zwischen den Teilen einer Komposition erregen Interesse.

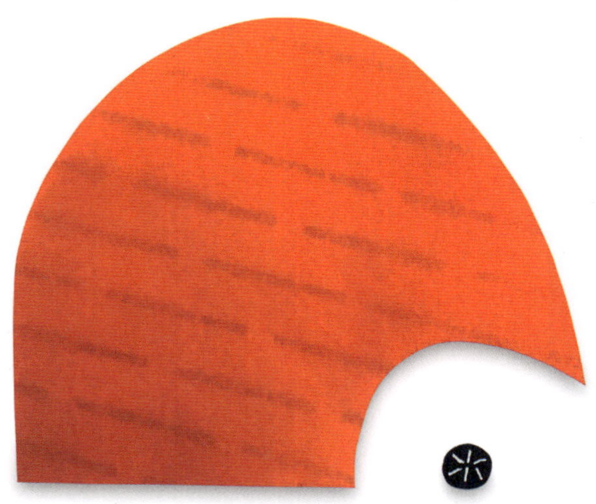

Will man Emotionen in die Collage bringen, kann man zum Beispiel die größere Form über der kleineren anordnen und damit Schutz oder Bedrohung andeuten.

RÄUMLICHKEIT

Bilder ohne jede Tiefenwirkung können Designelemente sehr gut herausstellen, aber manchmal soll eben ein ausgeschnittenes Huhn neben einem Geschäftsmann riesig wirken, und in diesen Fällen ist es sinnvoll, wenn man weiß, wie perspektivische Darstellungen entstehen. In einem Bild ist räumliche Tiefe natürlich eine Illusion, doch mit ein paar Tricks kann man unsere Augen überlisten, eine Fläche als Raum wahrzunehmen: Man kann Dinge staffeln und zueinander positionieren, Farben heller und matter werden oder mit einer gezeichneten Schlangenlinie einen gewundenen Pfad ins Bild hineinlaufen lassen.

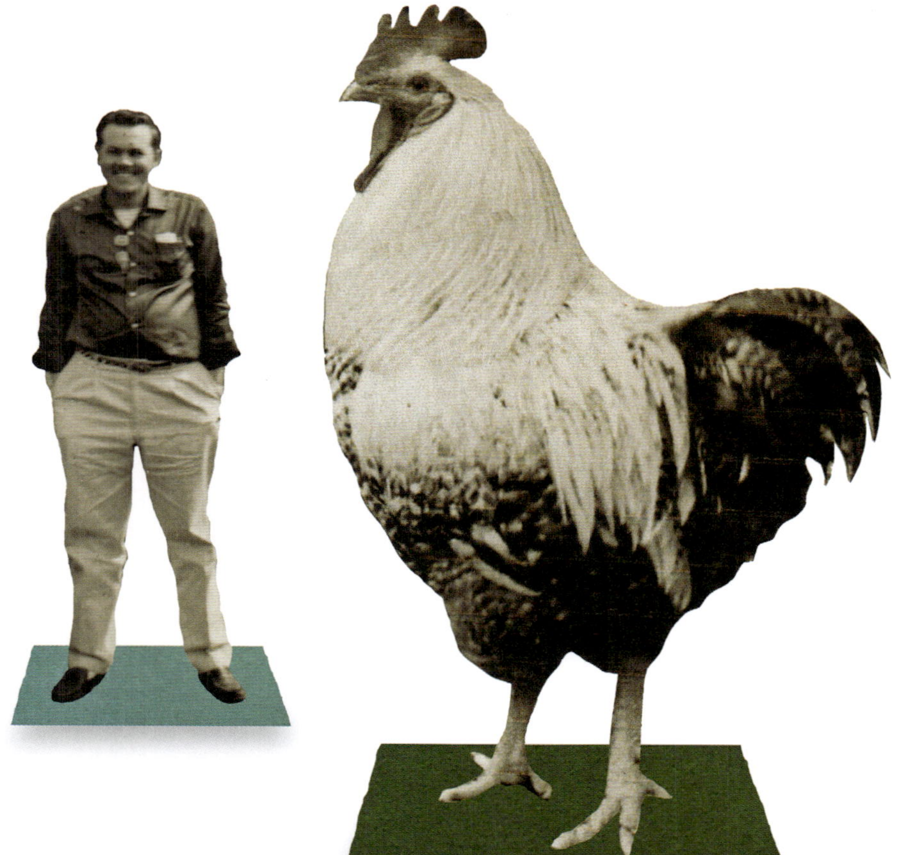

SCHÄRFENTIEFE

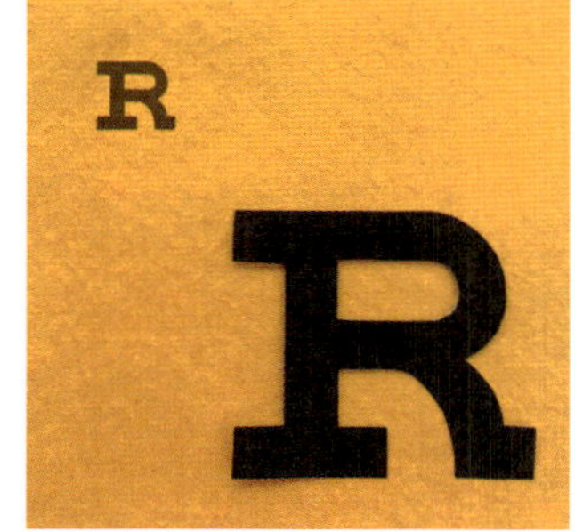

TIEFE SCHÄRFENTIEFE
Je höher ein Element in einer Komposition wirkt, desto weiter entfernt im Bildraum erscheint es. Zudem sehen Bildelemente im Vordergrund oft dunkler und kräftiger aus.

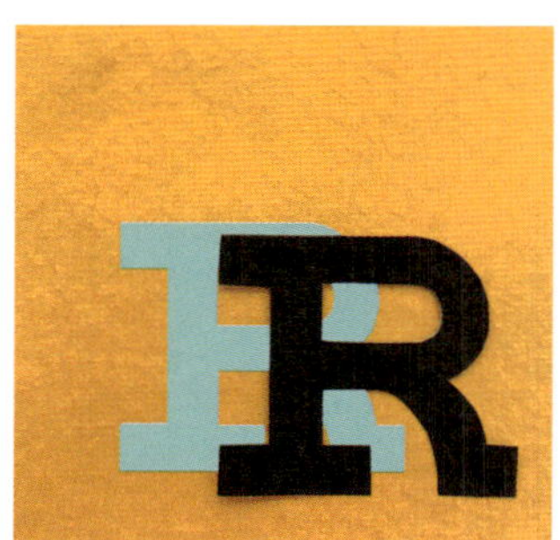

FLACHE SCHÄRFENTIEFE
Ist ein Element nur minimal höher angeordnet als ein anderes und wird von diesem teilweise überdeckt, hat man den Eindruck, es befinde sich unmittelbar dahinter.

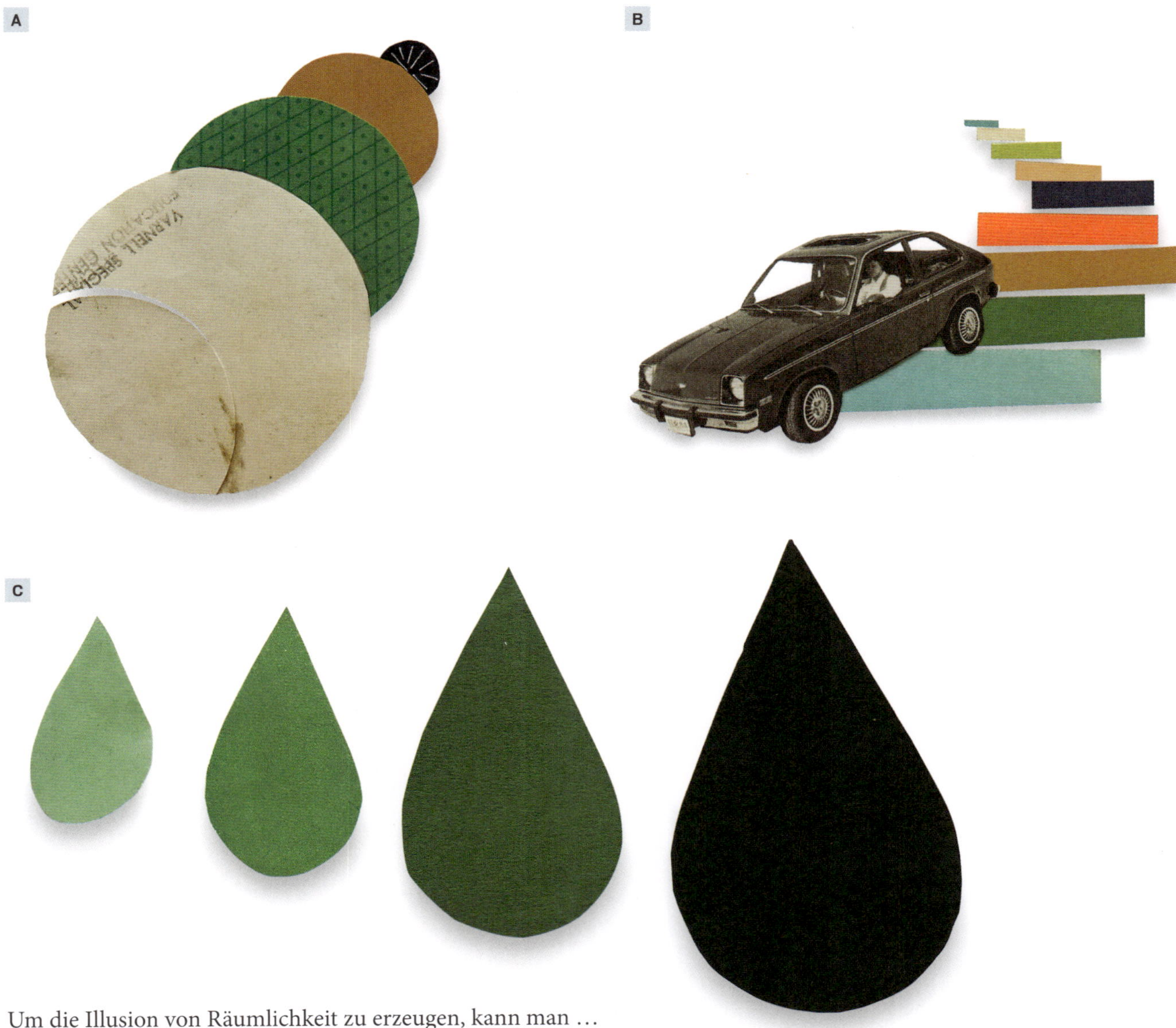

Um die Illusion von Räumlichkeit zu erzeugen, kann man …

1 Elemente überlappend hintereinander staffeln. (A)

2 Elemente im Vordergrund niedriger und im Hintergrund höher im Bild anordnen. Eine weitere Möglichkeit ist ein geschwungener Pfad, der konkret oder nur angedeutet sein kann. (B)

3 Objekte im Vordergrund größer und in satteren Farben wiedergeben. (C)

DIE DRITTEL-REGEL

Strenggenommen ist die Drittel-Regel keine Regel, sondern eher eine Orientierungshilfe, aber „Drittel-Orientierungshilfe“ klingt nicht so richtig knackig, oder? Die Methode hat eine lange Tradition und kommt immer dann zum Zug, wenn der Schwerpunkt nicht in der Mitte einer Komposition liegen soll. Sie sorgt für Ausgewogenheit und interessante Konstellationen, ohne dass man die Komposition vertikal oder horizontal halbieren muss.

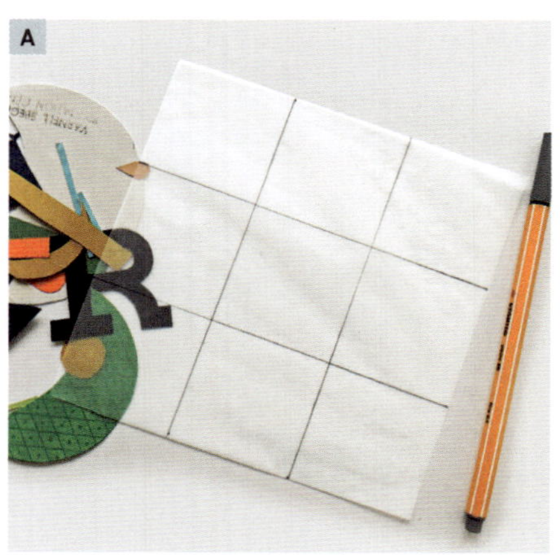

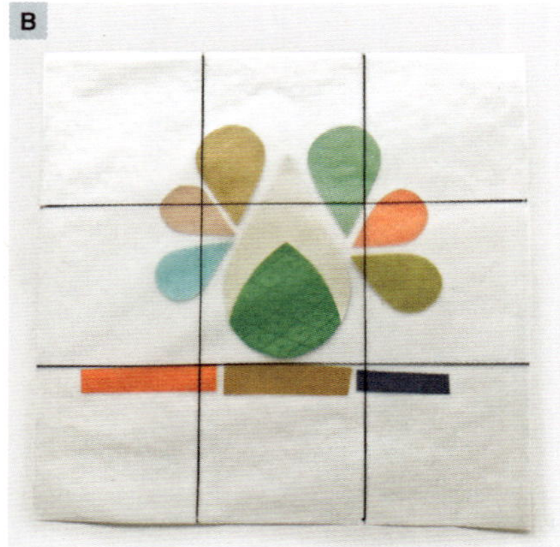

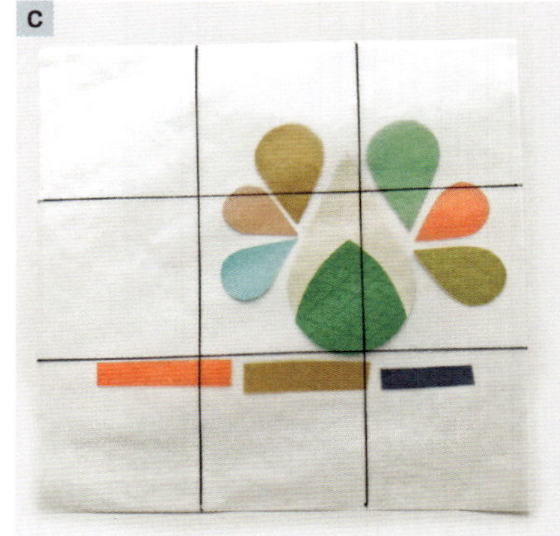

1 Zeichnen Sie auf ein Blatt Pergament- oder Pauspapier in gleichmäßigen Abständen zwei horizontale und zwei vertikale Linien. In diesem Gitternetz (ähnlich wie für das Spiel Käsekästchen) haben Sie vier Kreuzungspunkte, an denen Sie sich orientieren können. Ziel der Drittel-Regel ist es, die Hauptelemente Ihrer Komposition an diesen Punkten auszurichten. (A)

2 Geben Sie anhand des Gitternetzes den visuellen Schwerpunkt exakt in der mittleren Spalte zwischen den Kreuzungspunkten vor, sieht das ausgewogen und stabil aus, aber auch ein bisschen langweilig. (B)

3 Verschieben Sie nun den Schwerpunkt ein Stück weiter nach rechts. Fügen Sie, wie Sie es im Kapitel *Gleichgewicht* gelernt haben, an einem der Kreuzungspunkte weiter links auf der vertikalen Linie einen zweiten Schwerpunkt hinzu. Er macht das Ganze ansprechender. (C)

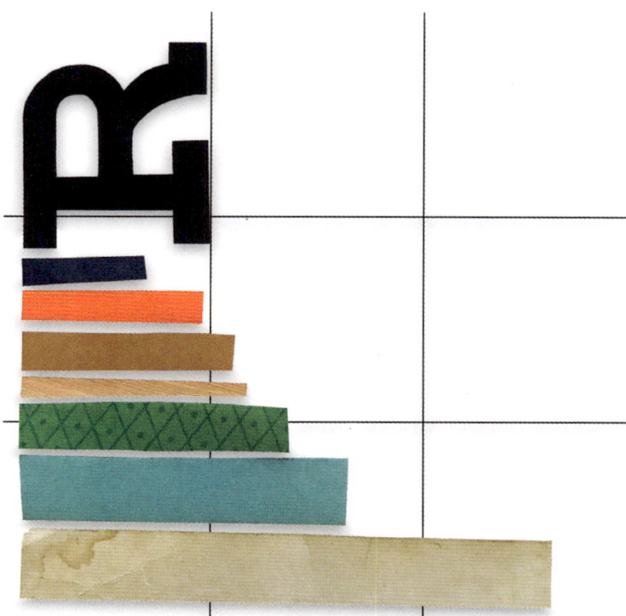

In der unteren Reihe und in der linken Spalte linksbündig angeordnete Elemente

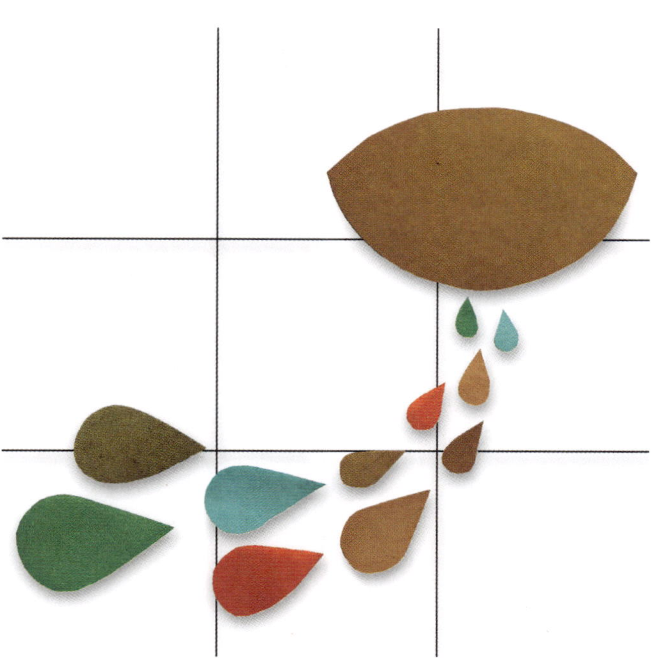

In der unteren Reihe und in der rechten Spalte angeordnete Elemente

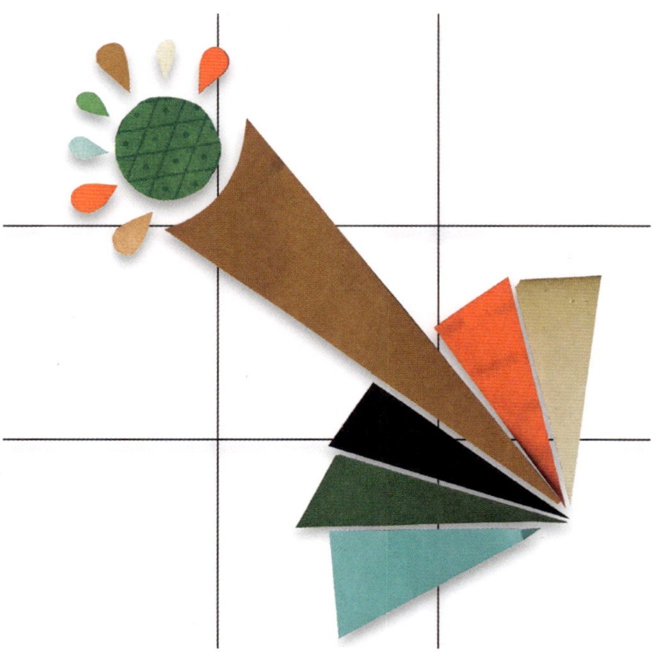

Soll die Komposition sich quer über das Gitternetz erstrecken, betont man die interessanten Teile oder Schwerpunkte.

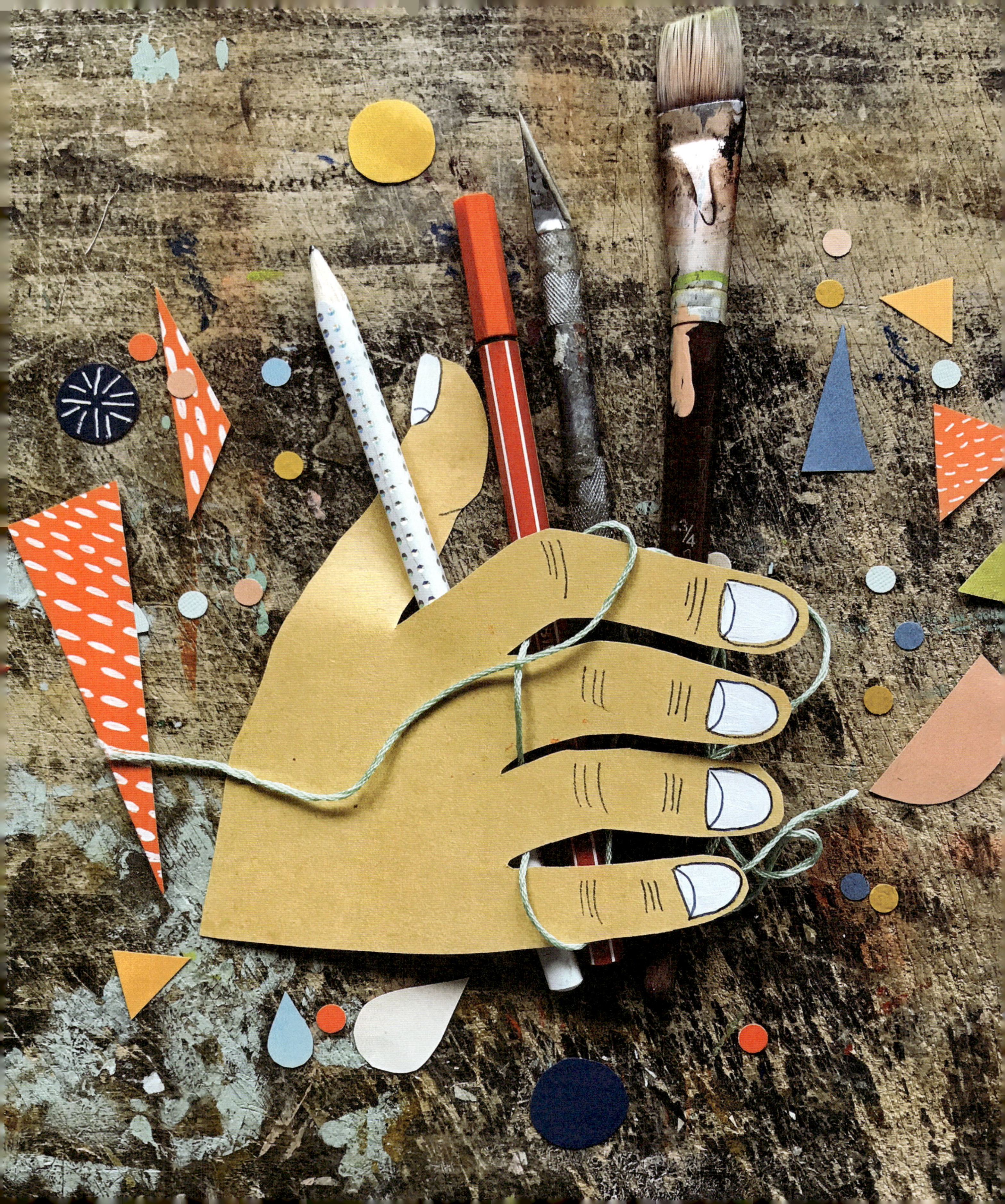

4

SIE SIND DRAN!

ÜBUNGEN UND PROJEKTE

Damit kommen wir zum Kapitel „Übungen und Projekte“. Sie haben jetzt schon einen kreativen Werkzeugkasten gefüllt mit Material, Techniken und Grundkenntnissen zum Bildaufbau. Nun probieren wir aus, wie man das alles zusammenbringt. Sie können das bisher Gelernte jeweils kombinieren. In einer Übung nutzen wir Farbe und Bewegung, um eine neue Idee auszurücken. Mit dem, was Sie schon über Strichführung wissen, und unserer Materialliste erzeugen wir Texturen und schauen uns an, wie damit Schwerpunkte und Kontraste entstehen. Falls Ihnen etwas unklar ist, können Sie einfach noch einmal zu den vorangegangenen Kapiteln zurückblättern. Bei Collagen gibt es viele Aspekte zu bedenken, aber die folgenden Übungen werden Ihnen helfen, die künstlerischen Arbeitsprozesse zu verinnerlichen. Dann kann Ihre eigene Kreativität ins Spiel kommen, um schöne Collagen zu entwerfen, die unverwechselbar Ihre Handschrift tragen.

Unsere Themen in diesem Kapitel:

- Elemente mixen
- Farbe
- Spiegelbilder
- Reihungen
- Hintergrund/Vordergrund
- Lagen
- Maßstab
- Kontrast
- Gegenüberstellung
- Textur
- Negativraum
- Einfach und komplex
- Fließbewegung
- Formen
- Linien
- Schriften
- Elemente aus der Natur
- Skizzenbücher

ÜBUNG

ELEMENTE MIXEN

Unser erstes Projekt ist eine Lockerungsübung, die Ihre Kreativität in Schwung bringen soll, damit Sie das in den vorigen Kapiteln Gelernte sinnvoll umsetzen können. Wir alle halten uns am liebsten an das, was wir schon kennen oder gut beherrschen, aber erst, wenn wir uns an Neues wagen, haben wir auch die Chance, aufregende Dinge zu entdecken. Wir entwickeln so unseren persönlichen Stil in einem neuen künstlerischen Abenteuer weiter! Experimentieren Sie, probieren Sie alles aus und konzentrieren Sie sich auf das, was Sie am spannendsten finden.

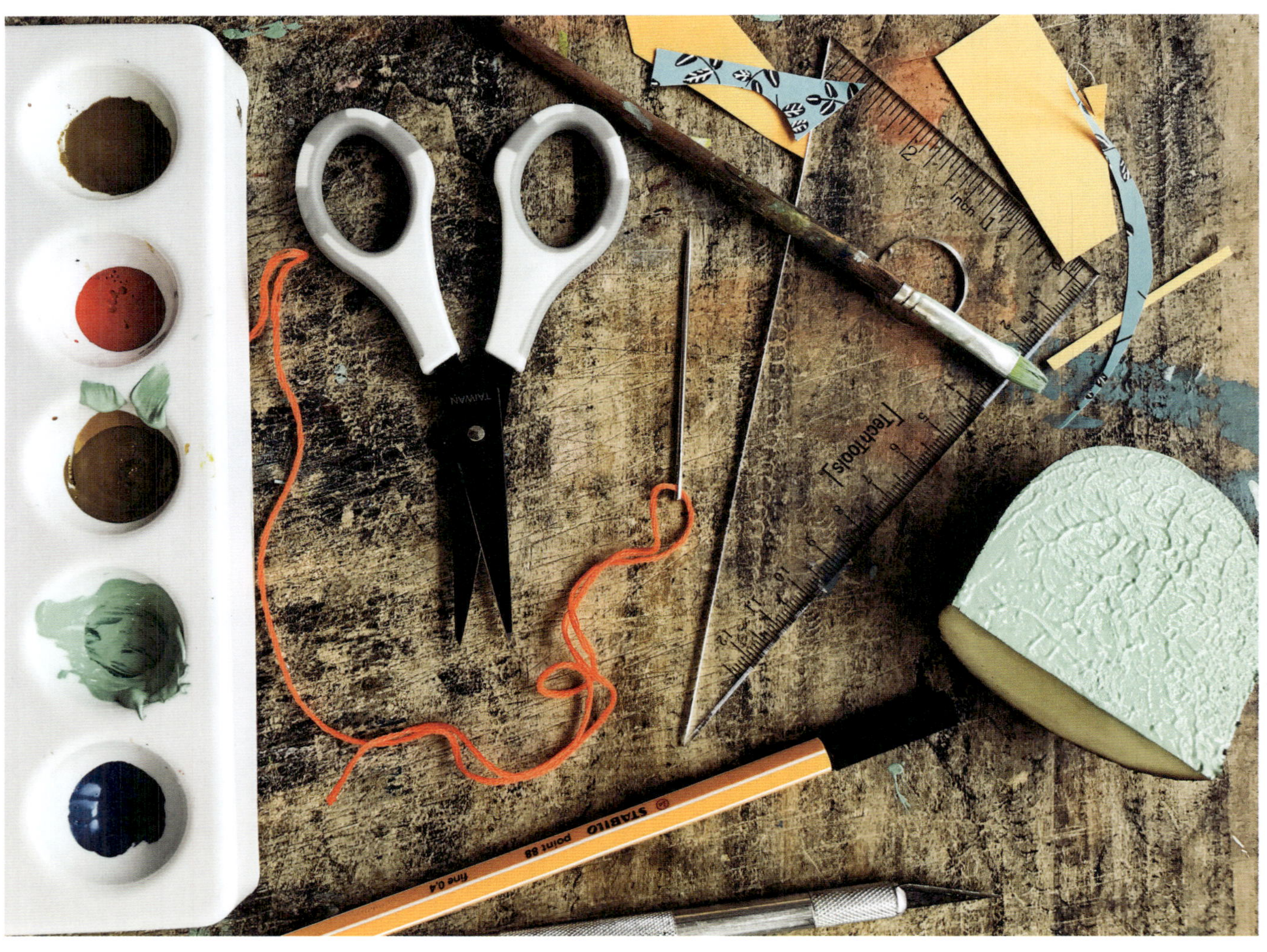

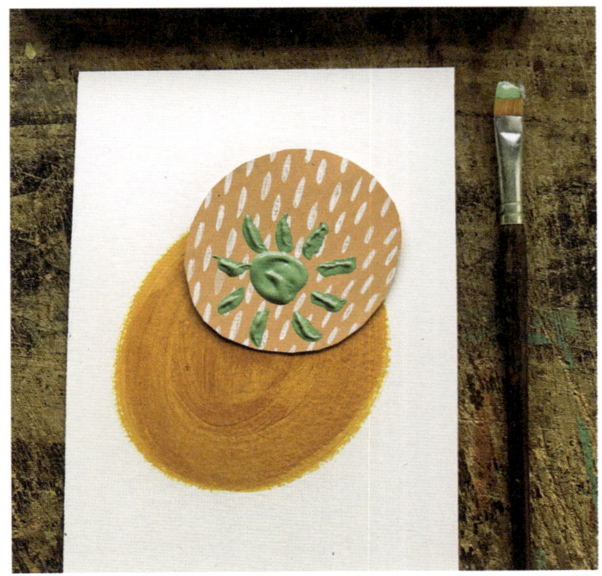

Kombinieren Sie gemalte und texturierte Elemente, um so den Blick auf den zentralen Punkt zu lenken.

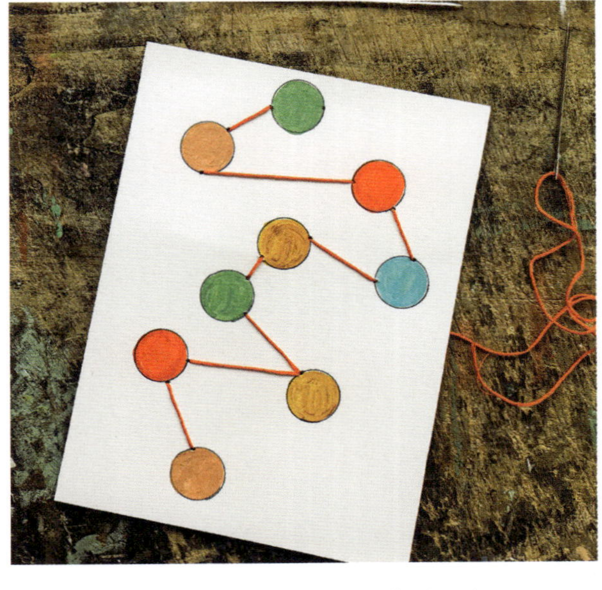

Führen Sie schablonierte Motive und gestickte Details zu einer Kombination zusammen. Das erzeugt Bewegung in Ihrer Komposition.

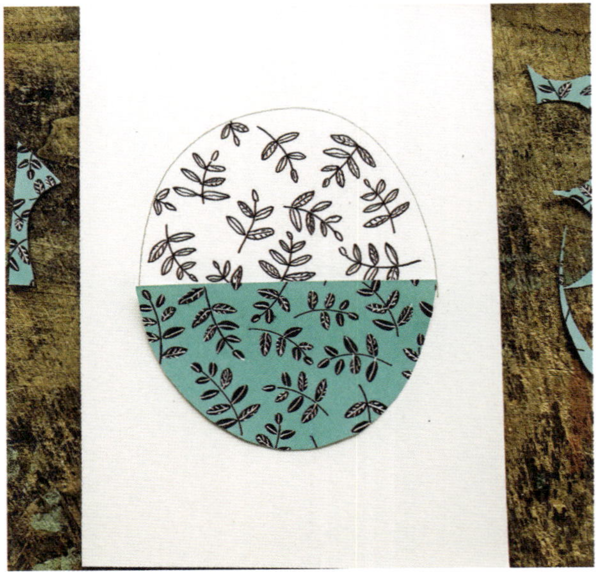

Verwenden Sie eine Kombination aus (vielleicht sogar selbst hergestelltem?) Designpapier und dazu passenden gezeichneten Elementen. Auf diese Weise erreichen Sie die Wirkung von Einheitlichkeit.

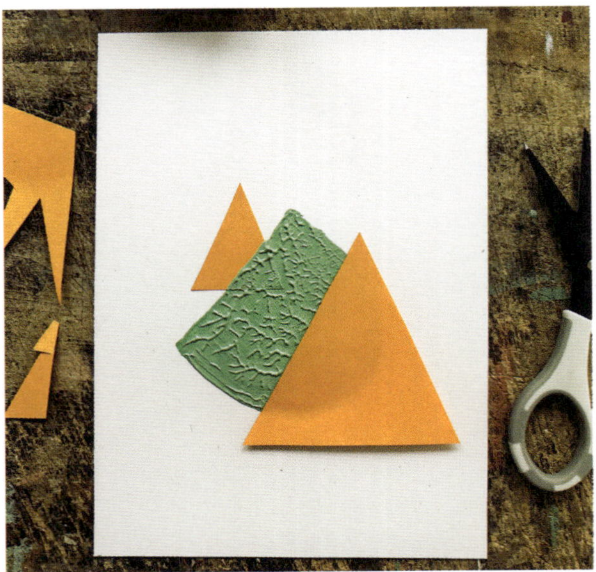

Sie können auch unterschiedliche Elemente, wie beispielsweise Motive aus bestempeltem Papier und geometrische Formen, übereinander kleben. Die Staffelung lässt Ihre Collage dreidimensional wirken.

ÜBUNG

FARBE

Farbe hat in Collagen viele Funktionen. Sie kann Energie, Bewegung oder Gefühle wiedergeben, ein Gleichgewicht herstellen, Stimmungen wecken oder Elemente hervorheben. Angesichts all dieser Aufgaben ist es oft nicht leicht, aus Millionen Farbtönen eine stimmige Farbwelt oder gar eine bestimmte Nuance herauszupicken, aber gerade das Suchen und Finden macht Spaß, etwa wenn man durch Zufall in einer Zeitschrift oder auf einem alten Etikett genau die richtige Schattierung entdeckt. Sie können Ihre Farben selbst anmischen und zu Papier bringen oder auf Schatzsuche gehen und sich überraschen lassen.

Eine große Hilfe bei der Farbwahl und die Grundlage für eine perfekt zusammengestellte Palette ist der Farbkreis.

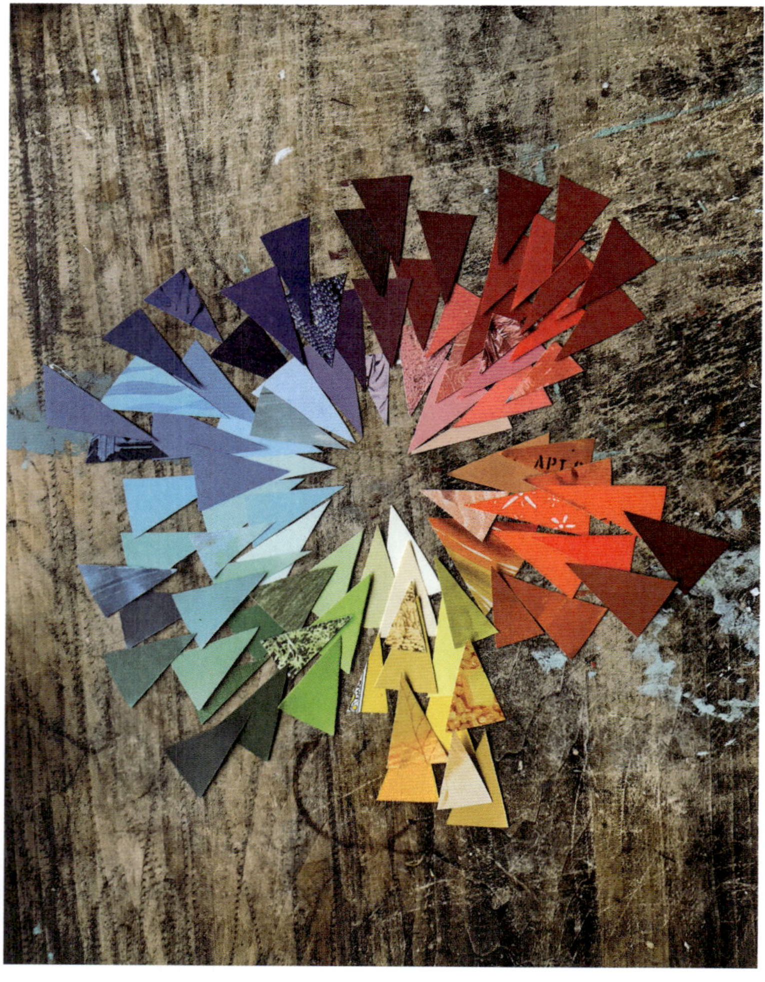

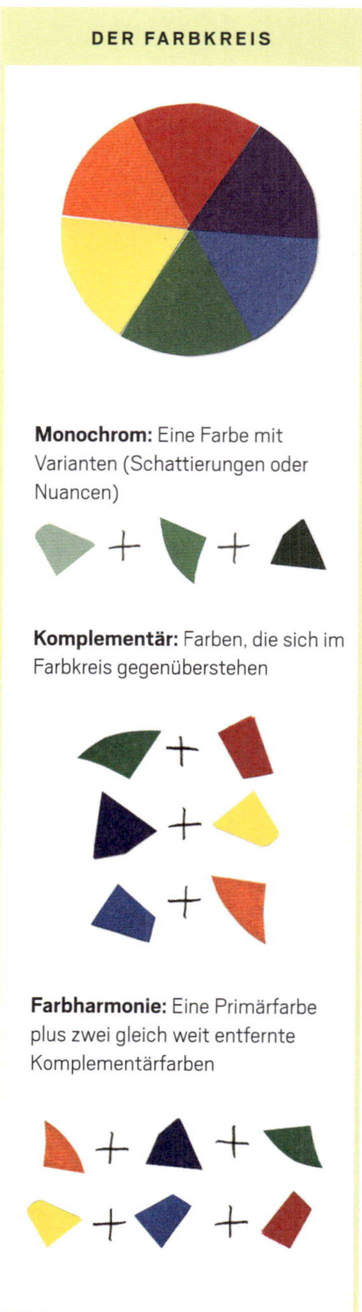

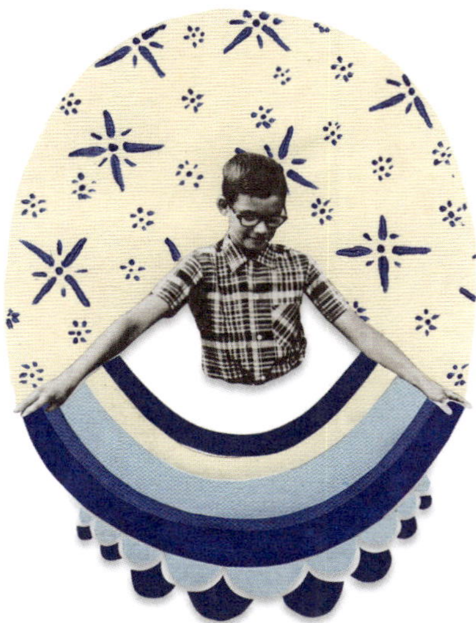

Suchen Sie sich eine Farbwelt aus, die bei Ihnen für eine bestimmte Emotion steht. Überlegen Sie, wie *Sie* auf Farben reagieren. Nicht jeder verknüpft beispielsweise Blau mit Melancholie. Versuchen Sie, das Gefühl mit der entsprechenden Farbwelt auszudrücken, entweder abstrakt oder gegenständlich, und nutzen Sie auch die Techniken aus Kapitel 2.

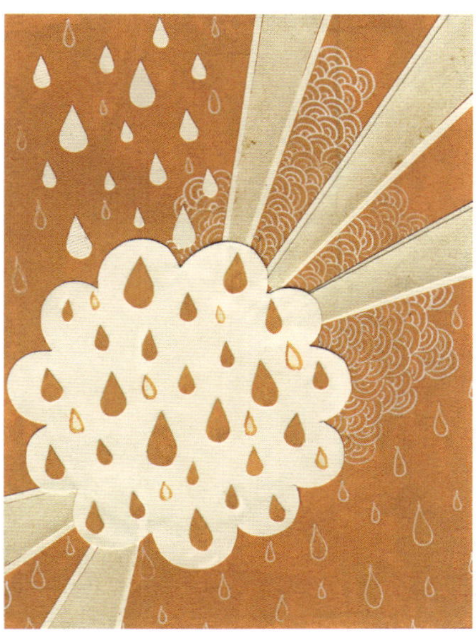

Wenn Sie sich für eine Farbe entschieden haben, arbeiten Sie mit Mustern, Schichtungen, Strukturen und Texturen, damit ein abwechslungsreiches Bild entsteht.

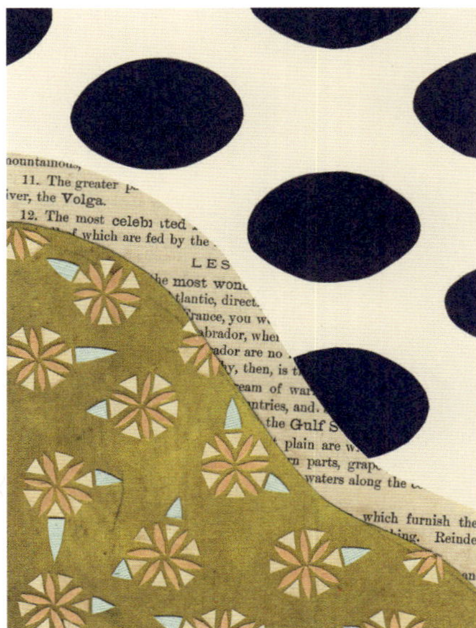

Besteht Ihre Farbpaletten aus vielen verschiedenen Tönen, probieren Sie durch Verschieben von Formen und Farben verschiedene Gleichgewichte zu schaffen.

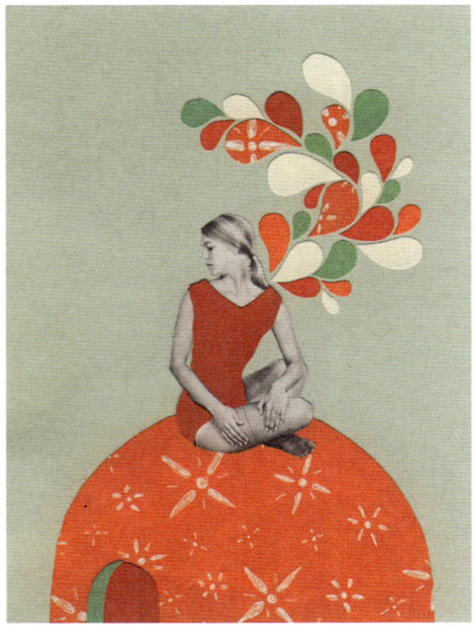

Eine einheitliche Wirkung erzielt man durch die Verknüpfung von Elementen mithilfe ähnlicher Farben.

ÜBUNG

SPIEGELBILDER

Wenn Sie sich beim Bildaufbau gern mit dem Thema Gleichgewicht beschäftigen, dürfte Ihnen diese Übung sehr gefallen. Wir stellen dafür Schablonen aus Pergament- und Umdruckpapier her. Diese Technik zu beherrschen, zahlt sich aus, denn dabei kommt Ihr Schatzkästchen voller wunderschöner Vorlagen zu seinem Recht, und ganz nebenbei trainieren Sie den Umgang mit Schere und Cutter. Die Übung wirkt simpel, aber gerade deshalb können Sie sich ganz auf Muster und Farben und ihre visuelle Gewichtung konzentrieren. Kombinieren Sie mehrere Strukturmuster, knallige Farben, krasse Hell-Dunkel-Kontraste oder andere Elementen, die Sie gern in der Collage hätten.

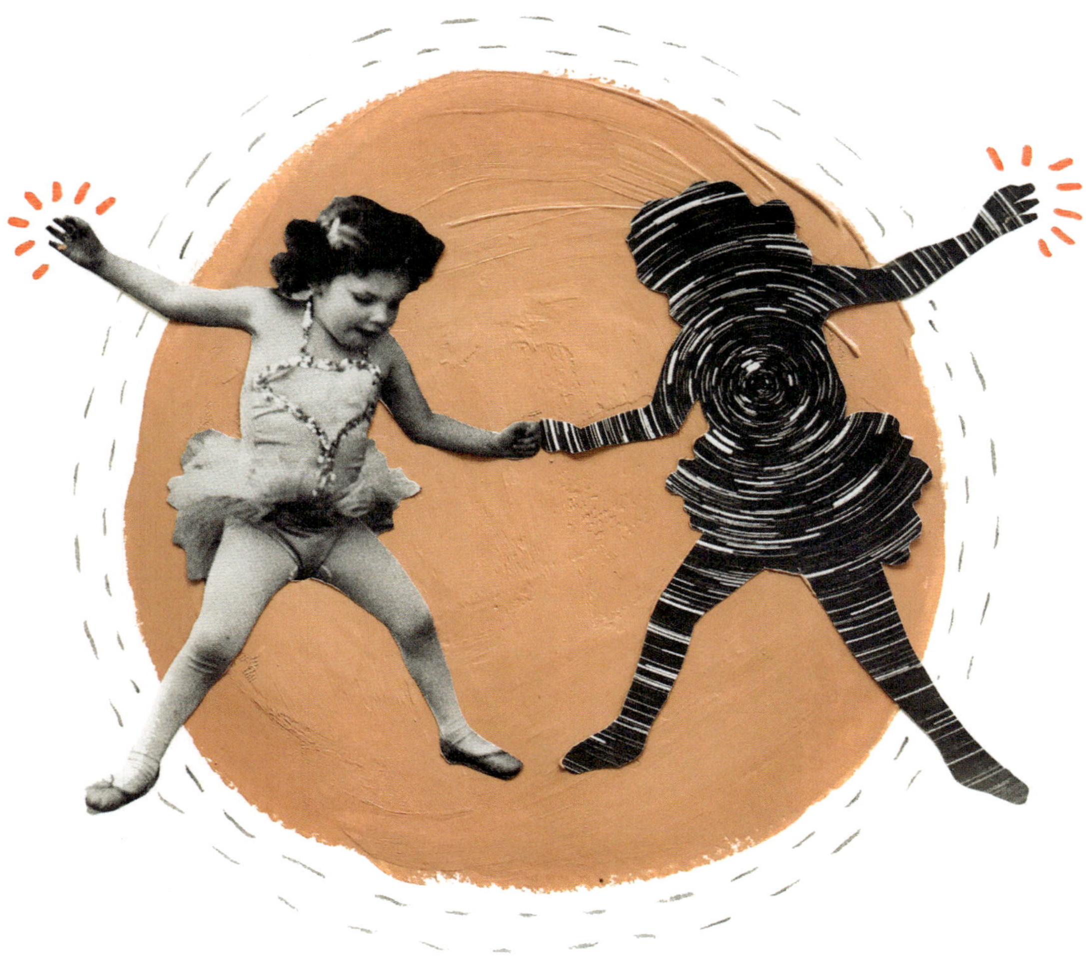

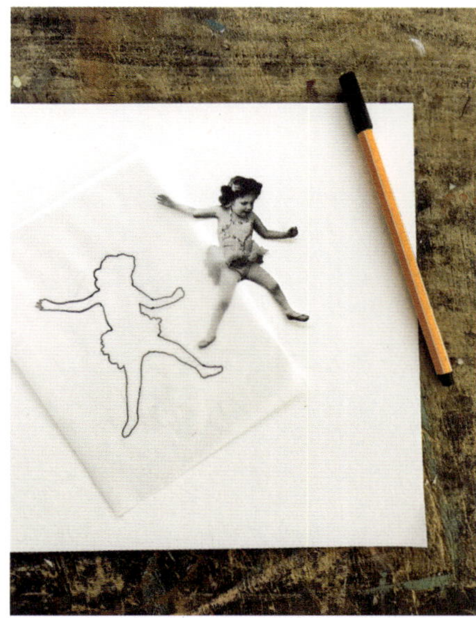

Schneiden Sie ein Foto aus Ihrem Zeitschriftenvorrat aus oder nehmen Sie einen fertigen Ausschnitt. Die Silhouette sollte so einfach sein, dass sie wiedererkennbar ist, aber dennoch dem Auge Anreize bietet. Ziehen Sie auf Pergament- oder Pauspapier die Konturen mit einem Stift nach.

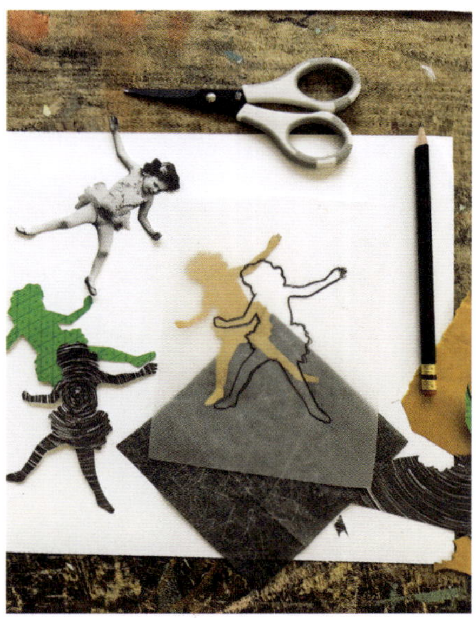

Vervielfältigen Sie das Bild mithilfe dieser Schablone und Kohlepapier auf einfarbigem oder gemustertem Papier oder anderen Druckbildern, etwa einem Sternenhimmel oder einer Wasserfläche. Fertigen Sie Duplikate und Spiegelbilder davon an, indem Sie Ihre Pergamentpapierschablone einfach von links abpausen.

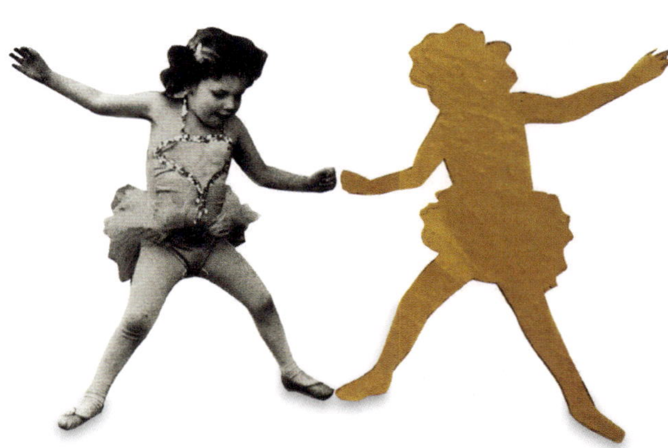

Für ein horizontales Spiegelbild legen Sie neben das Originalbild ein spiegelverkehrtes Duplikat und suchen einen logischen Punkt, an dem beide aneinanderstoßen. Sind Muster und/oder Farben in etwa gleichwertig, erhält man so eine perfekt ausgewogene Komposition – ein Beispiel für Einheitlichkeit mit Varianten.

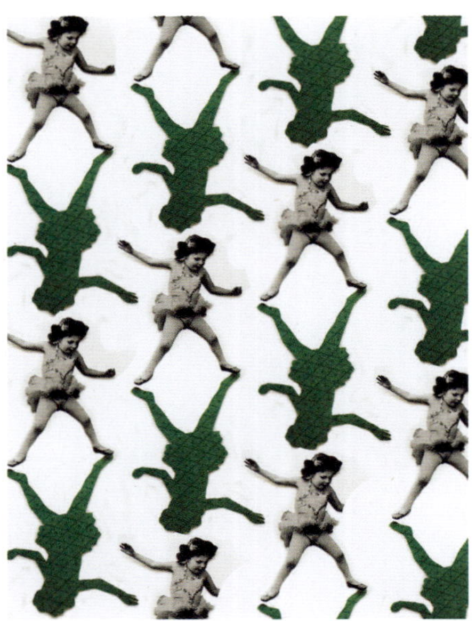

Sie können den Ausschnitt auch vertikal spiegeln oder in ein rhythmisch gestaffeltes Muster verwandeln.

ÜBUNG

WIEDERHOLUNG

Einheitlichkeit, Textur, Bewegung und Rhythmus wären viel schwerer zu erreichen, gäbe es nicht die Wiederholung. Sie lenkt den Blick durch die ganze Komposition und hilft ihm, ihren Schwerpunkt zu finden. Das bedeutet jedoch nicht, dass Sie einen Gegenstand oder eine Form immer wieder komplett kopieren müssen. Oft erkennt man eine Kontur schon anhand eines Teilstücks wieder, etwa ein Quadrat an einem rechten Winkel oder einen Kreis an seiner Rundung. Anstelle der kompletten Form genügen auch Varianten, etwa Schlangenlinien für eine Fließbewegung.

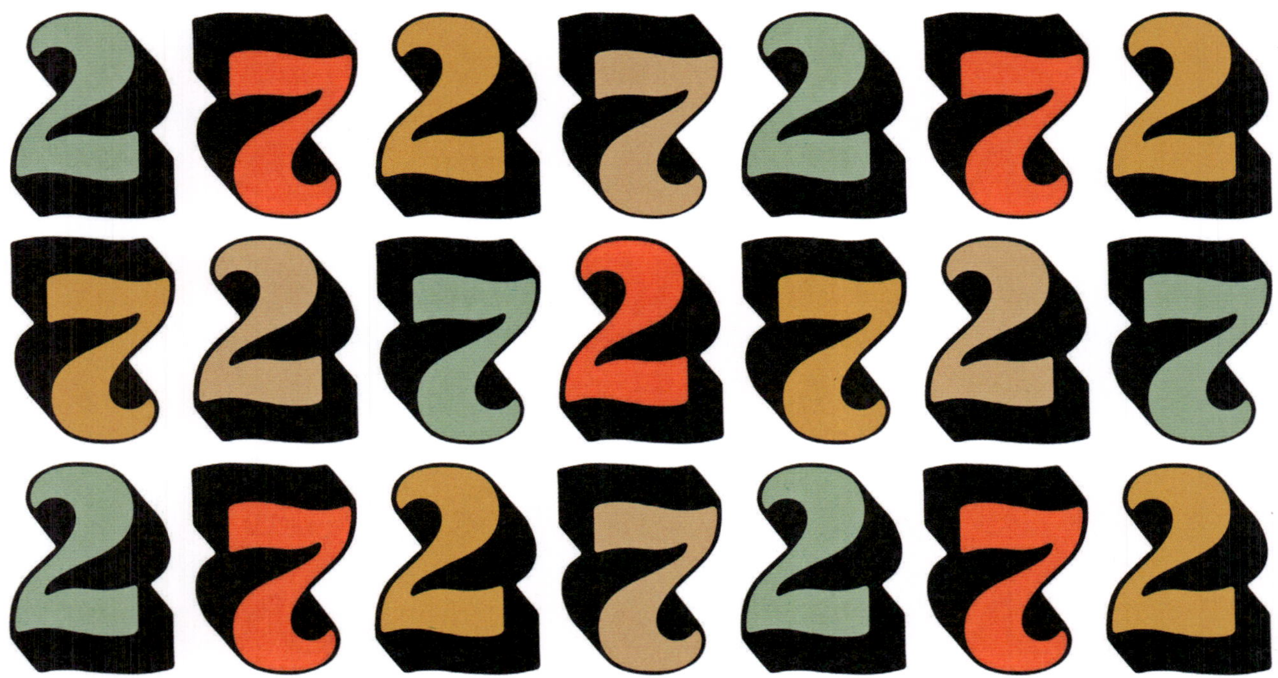

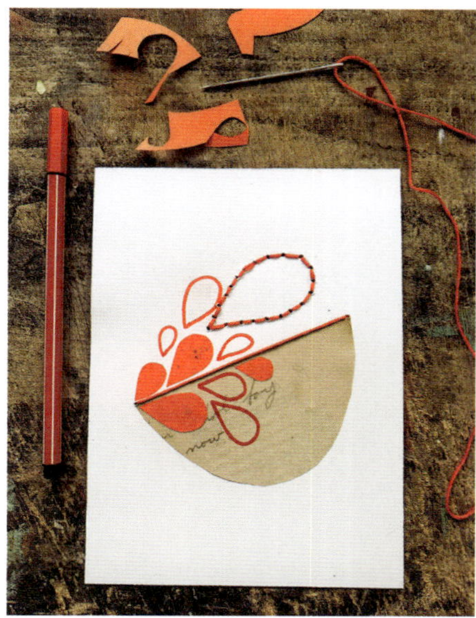

Wiederholen Sie eine Farbe auf unterschiedliche Weise innerhalb einer Komposition. Das schafft Ausgewogenheit.

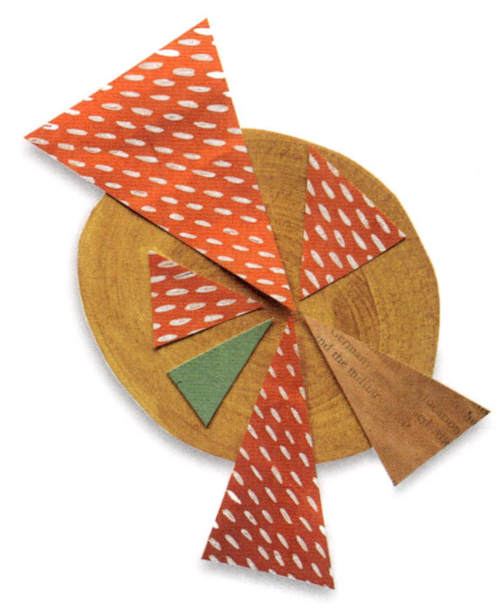

Schaffen Sie eine visuelle Textur durch ein gemaltes oder gezeichnetes Muster und entwickeln Sie drumherum eine Collage.

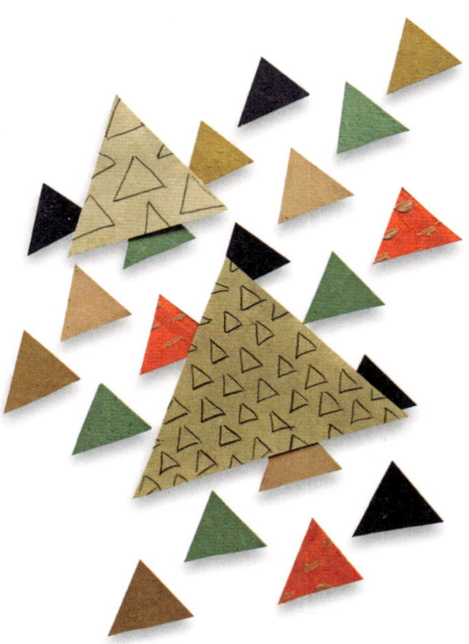

Geben Sie durch die Wiederholung eines Motivs in der Collage einen bestimmten Rhythmus vor.

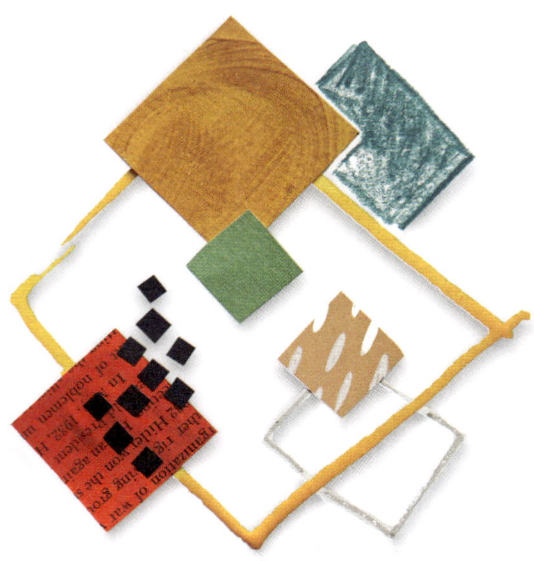

Erzeugen Sie eine bestimmte Form in vielen Größen und Farben mit ganz unterschiedlichen Medien – Malen, Stempeln, Zeichnen oder Ausschneiden – und setzen Sie die Elemente zu einer Komposition zusammen.

ÜBUNG

HINTERGRUND/ VORDERGRUND

Der Hintergrund ist meist das Erste, das man beim Aufbau einer Collage festlegt. Ob Papier, Leinwand oder das blanke Holz des Trägers, das perfekte große Motiv, oder irgendetwas dazwischen – diese erste Entscheidung bestimmt, welche Elemente hinzukommen. Falls Sie die Komposition schon gleich zu Beginn fertig im Kopf haben, finden Sie natürlich leichter den passenden Hintergrund. Besteht Ihr Vordergrund aus zarten Linien, Stickereien oder verschlungenen Motiven, würde ein wild gemusterter Hintergrund alle Details verschlucken, sodass sie nicht mehr zur Geltung kommen. Ein heller, unifarbener Hintergrund hingegen hebt sie hervor. Ist Ihr Blickfang jedoch eine große, neutrale Form, dürfen Sie gern aus jeder Menge Farben, Texturen und Figuren einen bunt gemusterten Hintergrund schaffen.

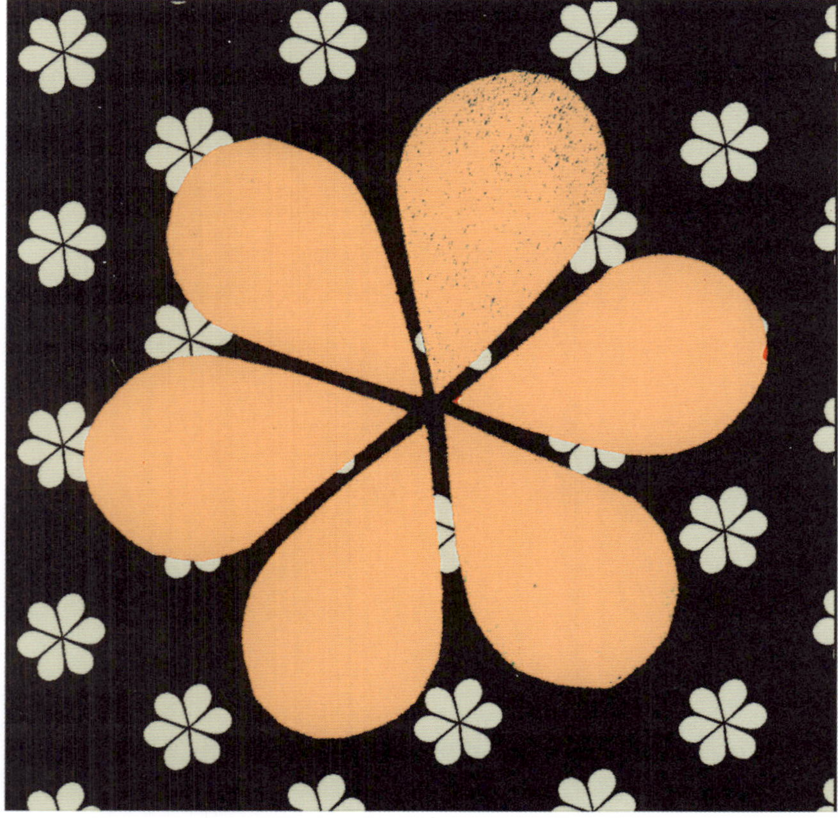

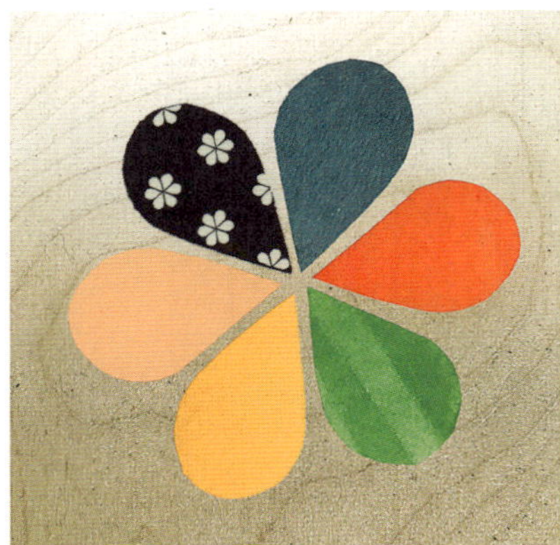

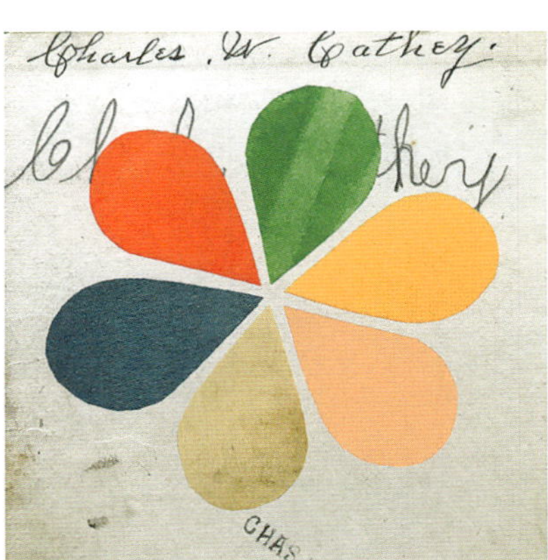

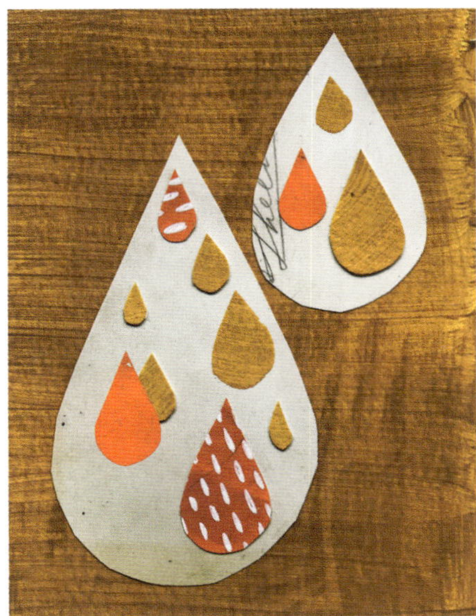

Um eine Komposition ausgewogen zu machen, können Sie Hintergrundelemente wie zum Beispiel Farbe, Textur oder Muster im Vordergrund aufgreifen.

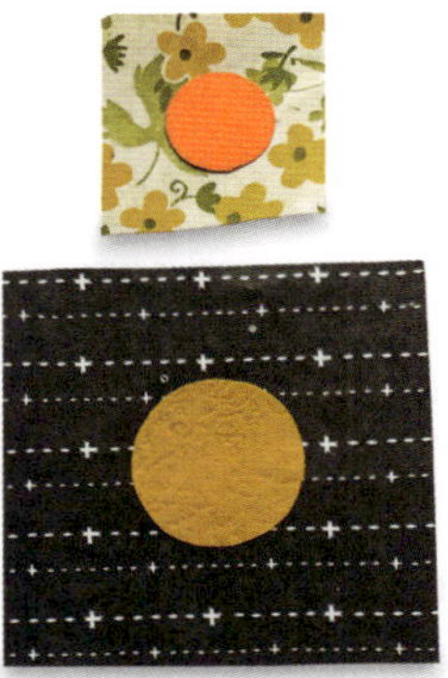

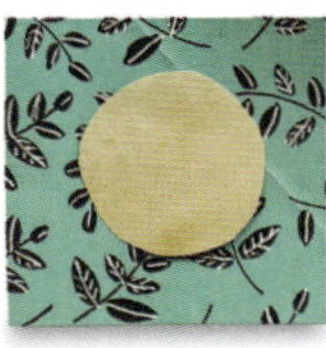

Ist Ihr Hintergrund schön gemustert oder stark strukturiert, sollten die Elemente im Vordergrund in der Regel schlicht, uni oder neutral sein, damit sie sich davon abheben, anstatt darin unterzugehen.

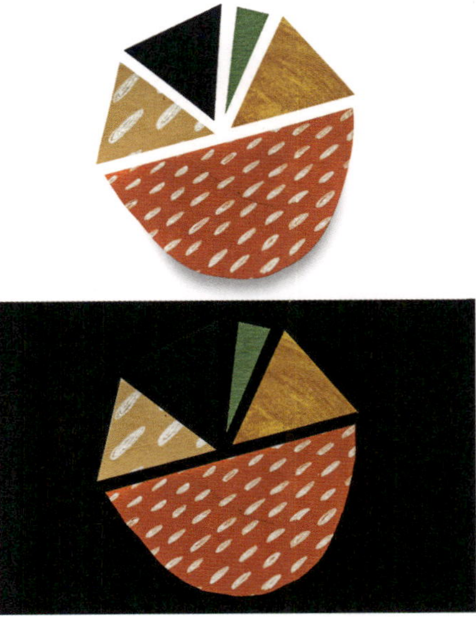

Schieben Sie Ihre Collageteile zunächst auf einem weißen Hintergrund hin und her. Legen Sie das Arrangement erst dann auf einen schwarzen Hintergrund und schauen, ob seine Stimmung sich dadurch verändert. Gehen Elemente unter oder wirken sie vor dem Schwarz nicht wie erhofft, tauschen Sie sie gegen andere aus, die es tun. Schauen Sie, worin sich die alten und neuen Elemente unterscheiden.

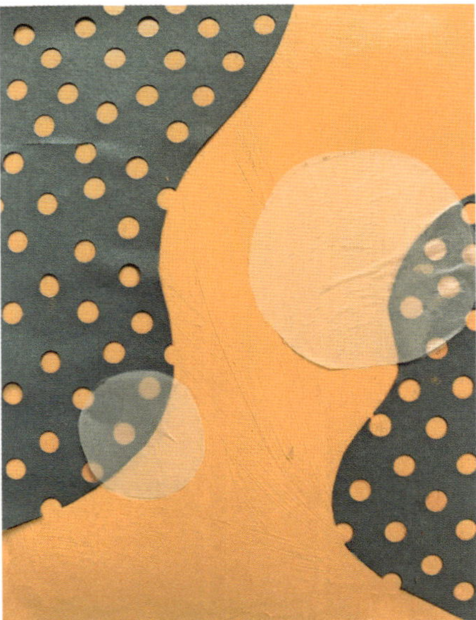

Verwenden Sie im Vordergrund Ihrer Collage Elemente, durch die man ein Stück Hintergrund sieht, etwa aus durchscheinendem Papier oder durchbrochenen Flächen wie Tortenspitzen oder selbst gelochten Blättern.

ÜBUNG

MEHRERE LAGEN

Den meisten fallen zu Collagen als Erstes die Stichwörter „Papier“ und „Lagen“ ein. Über Papier haben wir ja schon gesprochen. Schauen wir uns also an, wie wunderbar gestaffelte, farbenfrohe, reich texturierte, herrlich voluminöse Lagen entstehen. Seien Sie beim Papier durchaus offen für Neues: Halbdurchsichtiges Seiden- und Pergamentpapier etwa bietet sich für attraktive Effekte an. Aber Papier ist nicht alles: Sie können die Lagen auch bemalen, mit Schablonen Motive aufsprühen oder mit dem Zeichenstift Texturen schaffen. Auch für die Schichtmethode gibt es viele Optionen, je nach gewünschter Wirkung. Denken Sie daran, dass einige Materialien spezielle Klebstoffe und Träger erfordern.

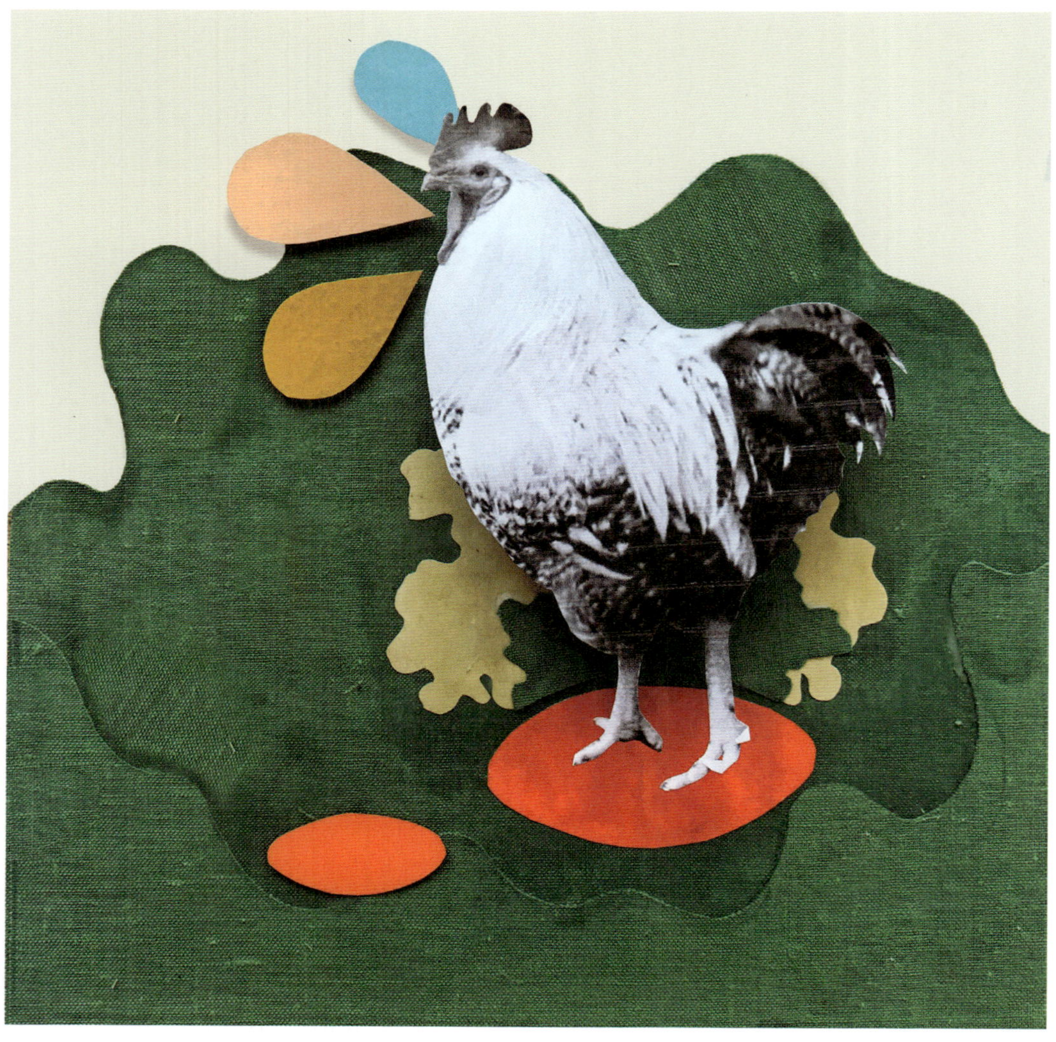

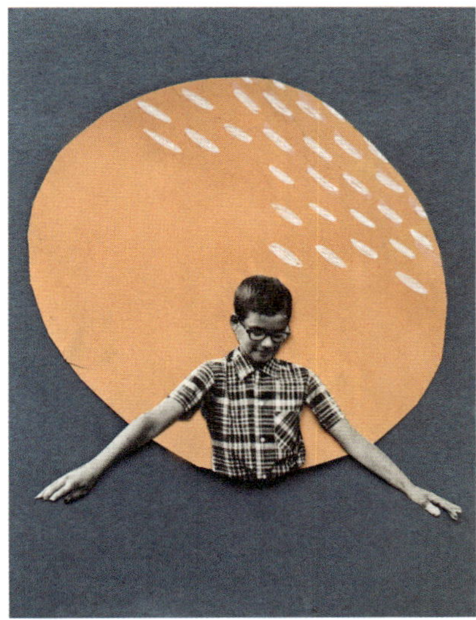

Für einige wenige Lagen auf einem Papierträger reicht ein Klebestift völlig aus. 3D-Effekte können Sie schon mit nur zwei überlappenden Lagen erzeugen. Die Collage wirkt dann nicht überladen, selbst wenn Sie weitere Elemente wie Stickereien, Zeichnungen oder Malereien hinzufügen.

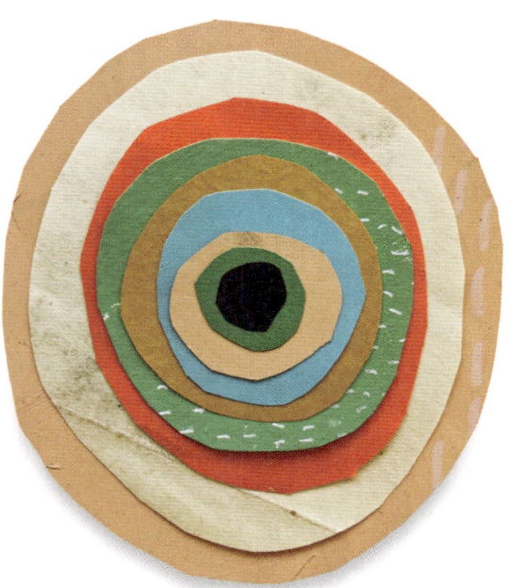

Bei dieser Schichtübung verwenden Sie einen Stapel Elemente, die alle die gleiche Grundform, aber unterschiedliche Größen, Farben und Muster aufweisen. Das größte Element kommt ganz nach unten, das kleinste zuoberst.

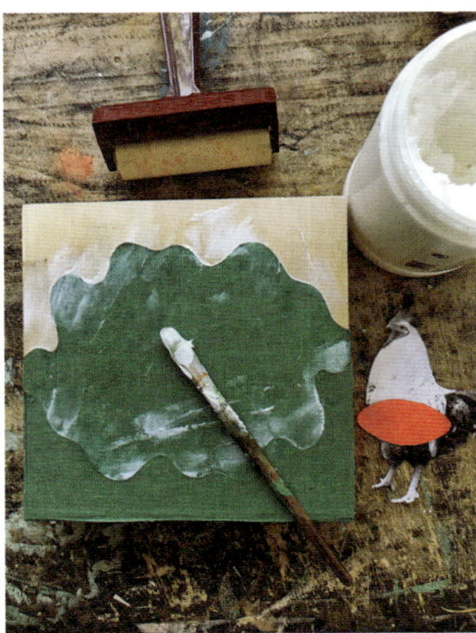

Bei großen Formaten mit vielen Lagen arbeite ich gern mit Gelmedium. Am besten verwendet man dafür Leinwand oder Holzplatten. Bestreichen Sie den Träger mit Gelmedium und drücken Ihre Hintergrundelemente hinein. Mit einer Farbwalze oder den Fingern streichen Sie das Papier glatt und pressen dabei die Luftblasen heraus. Nach dem Trocknen die nächste Lage genauso hinzufügen. Jede Schicht ist in Gelmedium eingebettet. Alles zusammen ergibt eine stabile, sehr robuste Oberfläche.

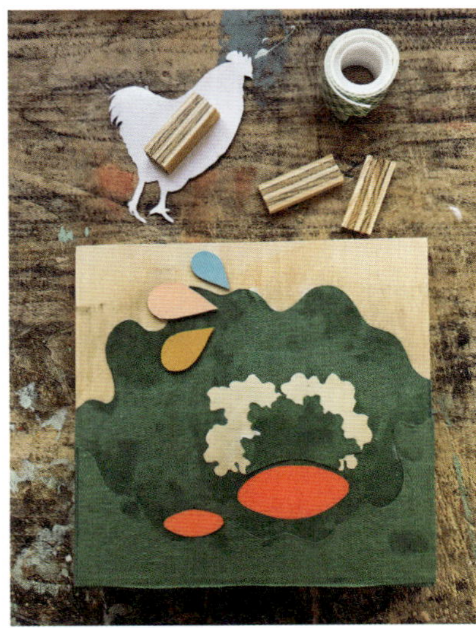

Um eine räumliche Wirkung zu verstärken, können Sie die oberste Lage mit Abstandhaltern anheben. Für relativ viel Höhe können Sie Papp-, Holz- oder Schaumgummiplättchen auf die Oberfläche kleben und das Element dann daraufsetzen. Soll nur wenig Tiefe erzeugt werden, können Sie einfach Schaumklebepunkte nehmen. Sie sind auf beiden Seiten mit Klebstoff beschichtet und halten erstaunlich gut.

ÜBUNG

MASSSTAB

Im Kapitel *Grundregeln für den Bildaufbau* haben wir den Maßstab definiert als optisches Verhältnis zwischen zwei Bildelementen. Aber wie können wir dieses Verhältnis nutzen, um Gefühle oder Ideen auszudrücken, Elemente herauszustellen oder neue Perspektiven zu eröffnen? Wir Menschen erleben den Maßstab von Dingen immer im Verhältnis zu uns selbst. Wenn etwas „Lebensgröße" hat, dann ist es genau so groß, wie wir es im Alltag im Verhältnis zu uns erleben. Das leuchtet ja auch ein. Folglich empfinden wir Dinge, die kleiner oder größer als „lebensgroß" sind, als winzig beziehungsweise als riesig. Solche Etiketten können negative oder positive Gefühle transportieren.

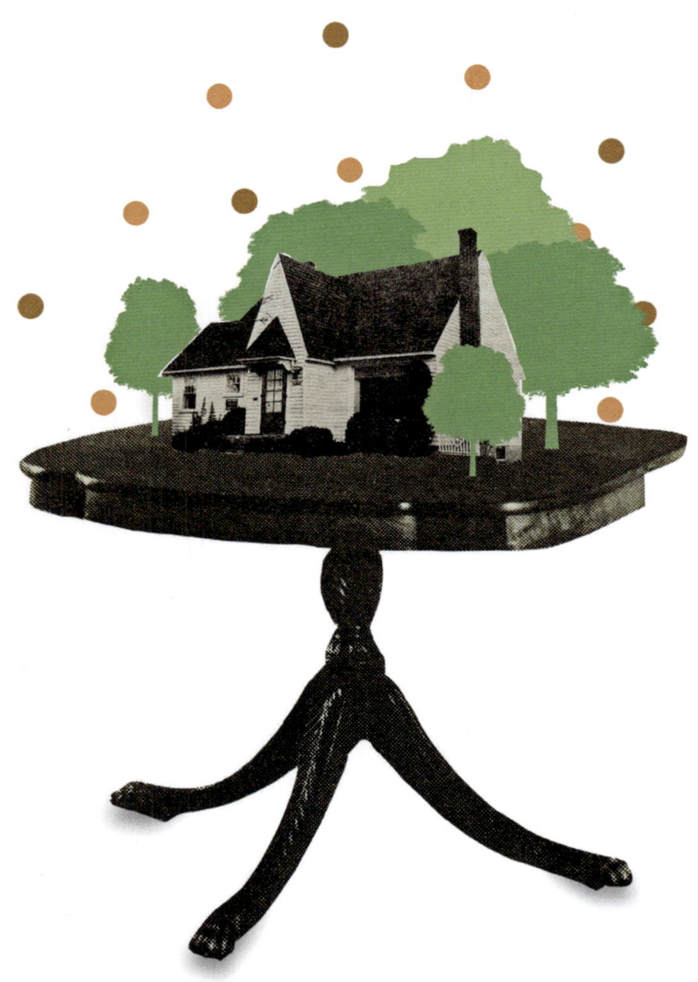

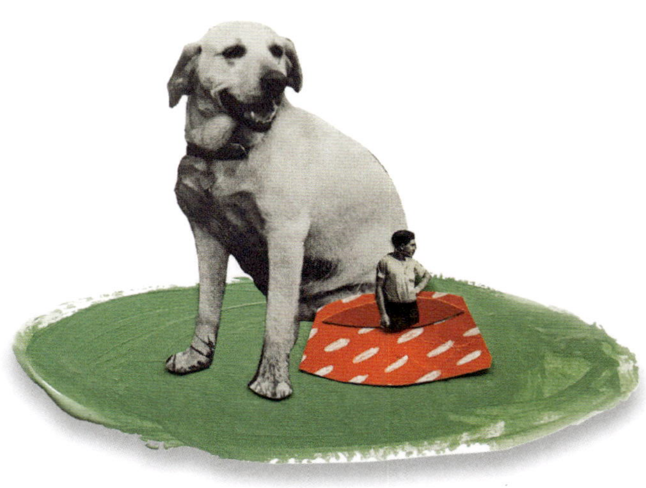

Stellen Sie mit zwei Figuren in unterschiedlicher Größe eine Herausforderung oder ein Problem grafisch dar.

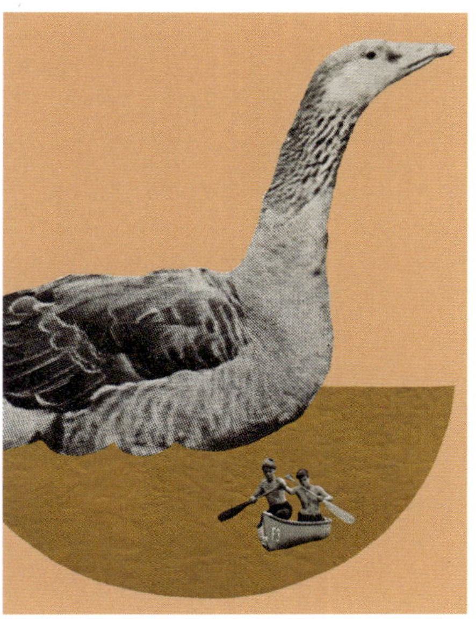

Betonen Sie durch das Größenverhältnis den Kernpunkt Ihrer Komposition. Können Sie dem Betrachter damit etwas mehr über das Geschehen sagen?

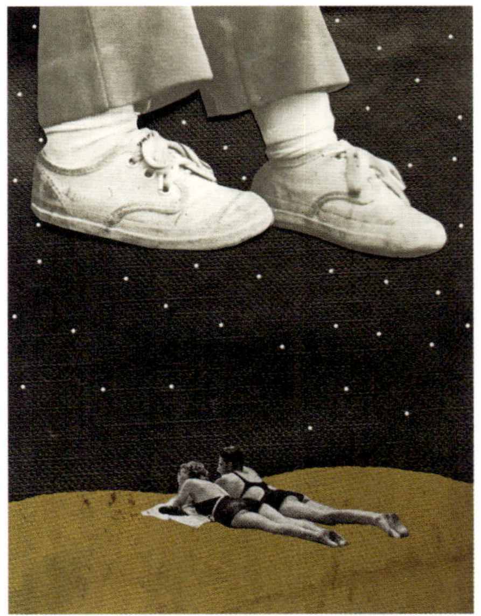

Verwenden Sie in einem Bildaufbau eine riesig vergrößerte Version von etwas eigentlich Winzigem. Verändert sich dadurch der Gefühlsgehalt des Objekts?

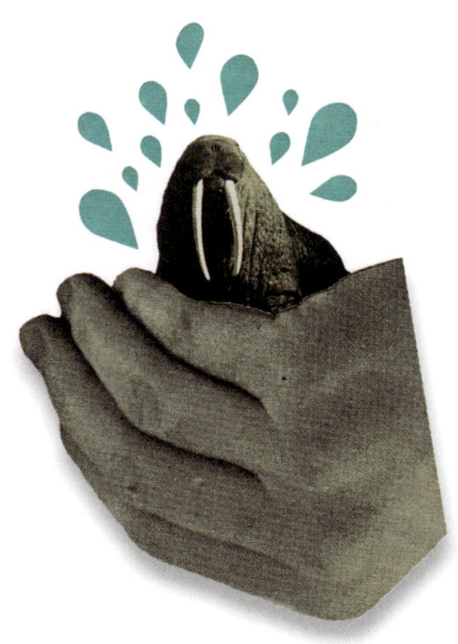

Zeigen Sie nun in einer Komposition eine Miniaturversion von etwas eigentlich Riesigem. Haben Sie spontan gedacht „Wie niedlich!" oder war Ihre emotionale Reaktion auf das Objekt eine ganz andere?

ÜBUNG

KONTRAST

Über Kontraste im Bildaufbau haben wir schon gesprochen. Probieren Sie sie jetzt in Collagen aus. Zur Erinnerung: In einer Komposition ist „Kontrast“ im Grunde gleichbedeutend mit „Unterschied“, sei es in Bezug auf Helligkeit, Farbton, Gegenstand, Größe oder Textur. Je auffälliger der Unterschied (etwa Schwarz/Weiß), desto mehr dramatische Spannung und visuellen Reiz erzeugt man damit. Wie man Kontraste durch Farben, Helligkeit und Textur herstellt, wissen Sie schon. Vertiefen wir nun Ihre Kenntnisse, verknüpfen sie mit anderen Lektionen und hinterfragen auch gängige Assoziationen zu Farben und Schattierungen, etwa warum wir Rot mit Wärme verbinden, helle Farbtöne positiv besetzen, Quadrate uns hart und Kreise weich erscheinen.

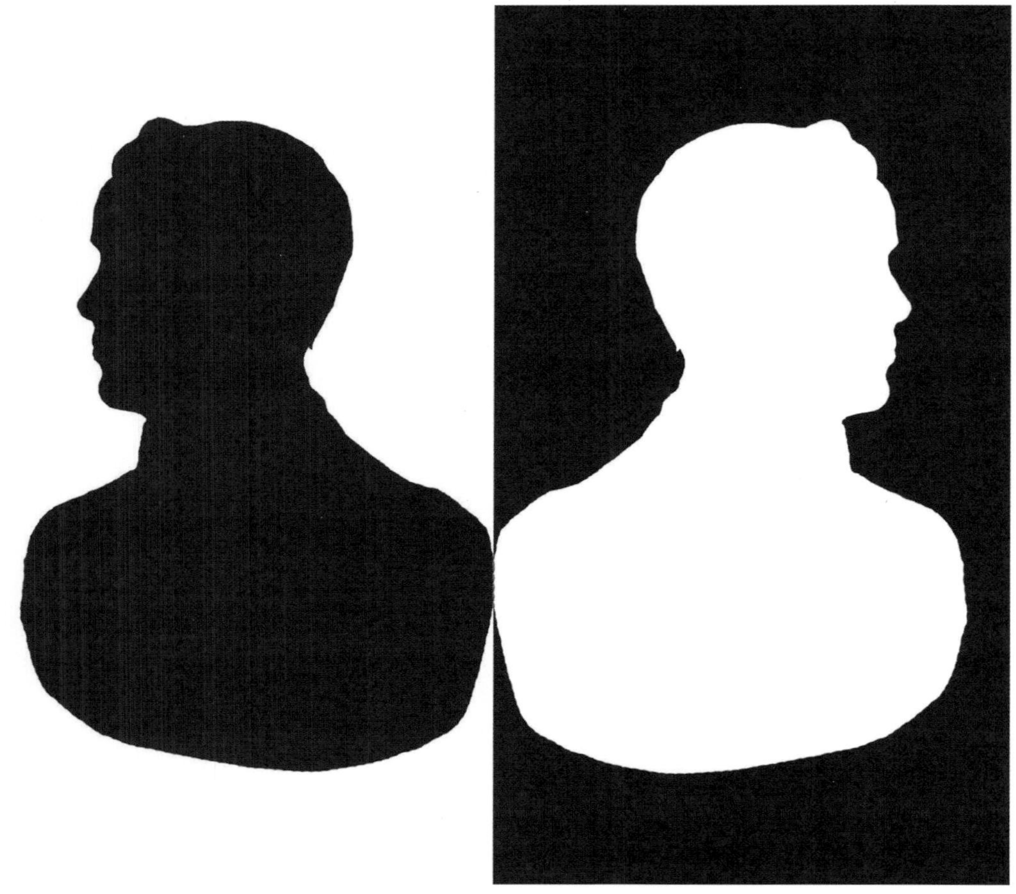

Da bestimmte Metaphern zu unser aller Kulturerbe gehören, wissen wir auf Anhieb, welche der beiden Silhouetten hier „böse“ und welche „gut“ ist.

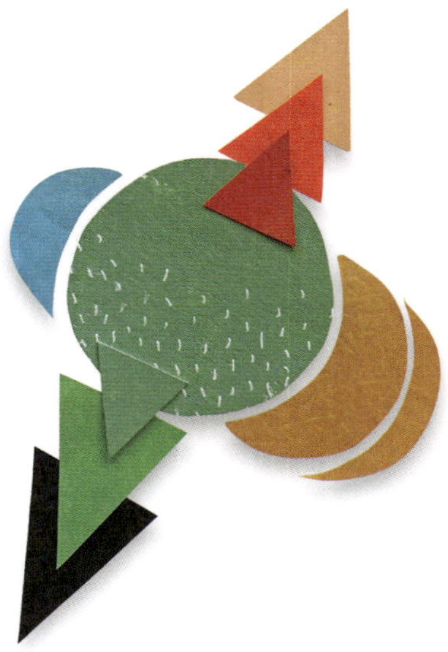

Verwenden Sie in Ihrer Komposition warme (Rot, Gelb und Orange) und kalte Farbtöne (Blau, Grün und Violett). Nutzen Sie auch Halbtöne dieser Farben wie Rosa und Mintgrün, um den Kontrast an bestimmten Stellen abzuschwächen.

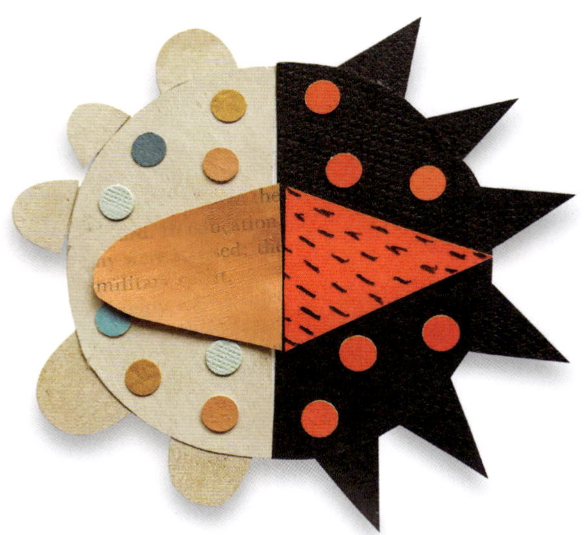

Stellen Sie zwei widerstreitende Emotionen durch Spiegeleffekte dar. Das Gefühl, etwas habe zwei völlig verschiedene Seiten, kann man gut durch Farben, Kontraste, Texturen oder alles zusammen wiedergeben.

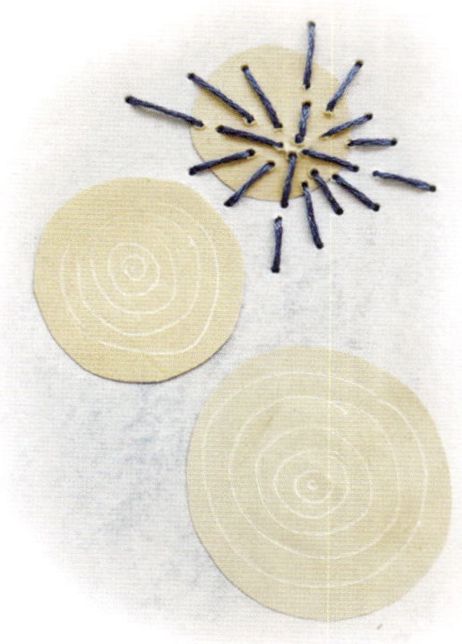

Machen Sie die Collage-Elemente mit kontrastierenden Texturen attraktiver oder betonen Sie den Schwerpunkt. Wenn Sie raue und weiche Texturen gegenüberstellen, welche wirken dann ansprechender?

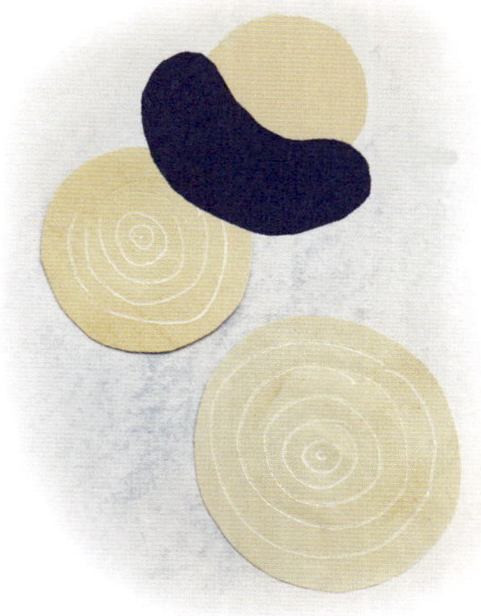

Verwenden Sie im selben Bild einmal ein einladend weiches, glattes, und einmal ein abweisend hartes, stacheliges Element als Blickfang. Wie wirken sich beide auf die emotionale Stimmung der Collage aus?

ÜBUNG

GEGENÜBERSTELLUNG

Bei Gegenüberstellungen geht es um Beziehungen. Eine Freundschaft zwischen einem Elefanten mit einem Kaninchen spricht uns emotional anders an als die zwischen zwei Elefanten. Es ist die Reaktion auf die Gegenüberstellung zweier ungewöhnlicher Partner: Der Elefant ist riesig und runzling, das Kaninchen klein und flauschig. Um diesen Effekt in Ihrer Collage erzielen, brauchen Sie aber keinen runzligen Riesen neben einen flauschigen Winzling zu stellen. Zwei oder mehr kontrastierende Elemente nebeneinander reichen dafür schon aus. Kontraste entstehen durch Farbe, Gegenstand, Textur und Helligkeit. Meist sagen sie etwas über bestimmte Qualitäten der dargestellten Elemente aus.

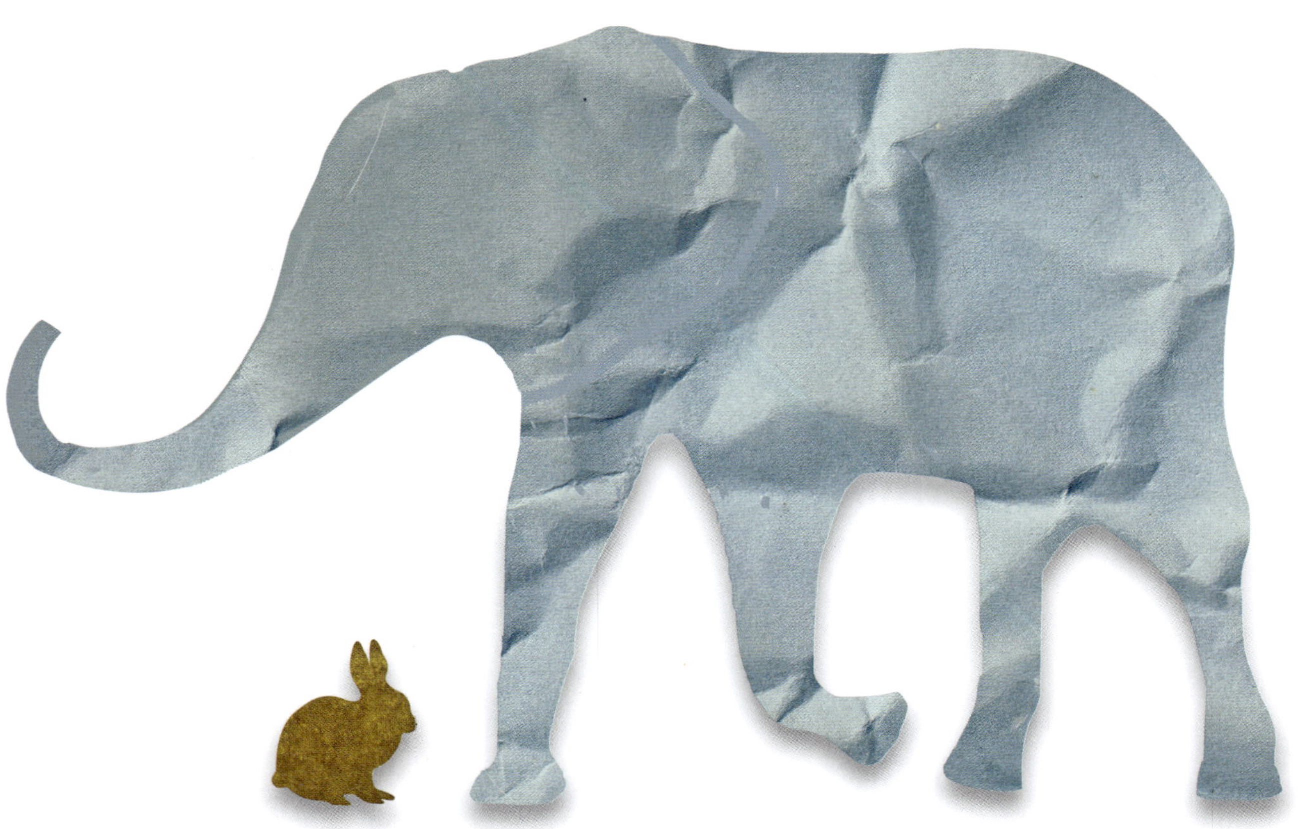

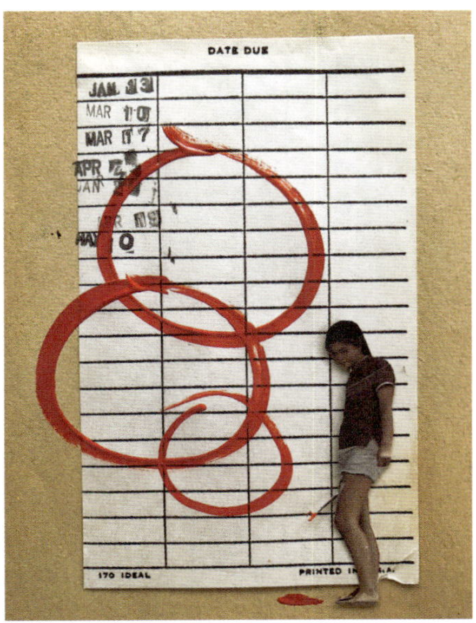

Schaffen Sie eine Gegenüberstellung durch den Gegenstand. Gegensätze wie modern und antik oder organisch und synthetisch bieten sich an.

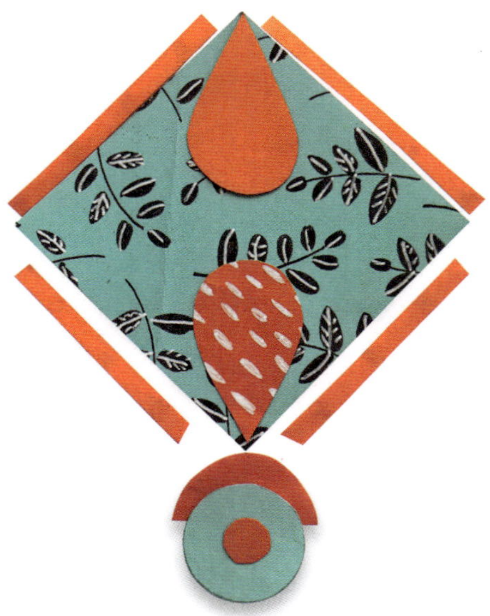

Nutzen Sie Farbe für die Gegenüberstellung. Denken Sie an Ihren Farbkreis! Die Farben, die sich darauf jeweils gegenüberstehen, ergeben die attraktivsten und extremsten Kontraste.

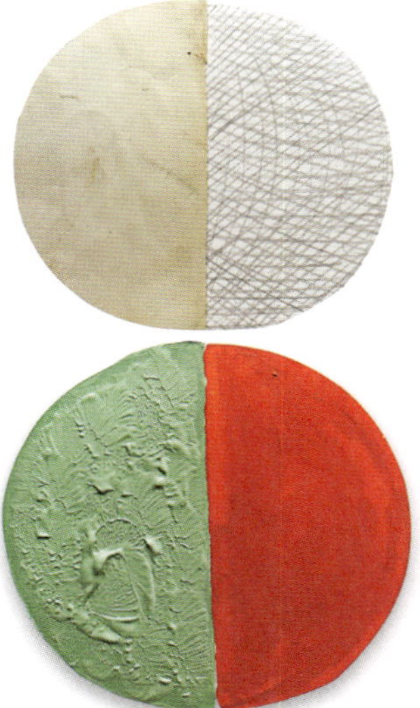

Stellen Sie Texturen wie weich und rau, schartig und glatt einander gegenüber.

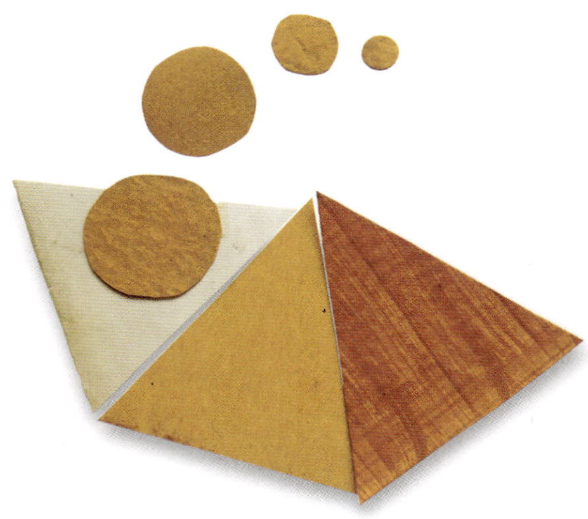

Schaffen Sie eine Gegenüberstellung durch Hell-Dunkel-Kontraste, sei es im Extremfall Schwarz-Weiß, oder irgendwo dazwischen.

ÜBUNG

TEXTUR

Man unterscheidet zwei Arten von Texturen: *taktile* und *visuelle Texturen.*

Taktile Texturen sind physisch vorhandene, tastbare Oberflächenstrukturen. Beispiele hierfür sind plüschige Pompons, Holzmaserungen und Schleifpapier. Eine Textur muss keineswegs klumpig oder krümelig sein. Auch spiegelglatte Oberflächen wie Glas und Vinyl weisen „taktile" Texturen auf, die man mit rauen Texturen hervorragend zu Kontrasten und Gegenüberstellungen kombinieren kann.

Visuelle Texturen schaffen die *optische Illusion* der Textur eines Materials durch gemalte oder gezeichnete Elemente und Muster.

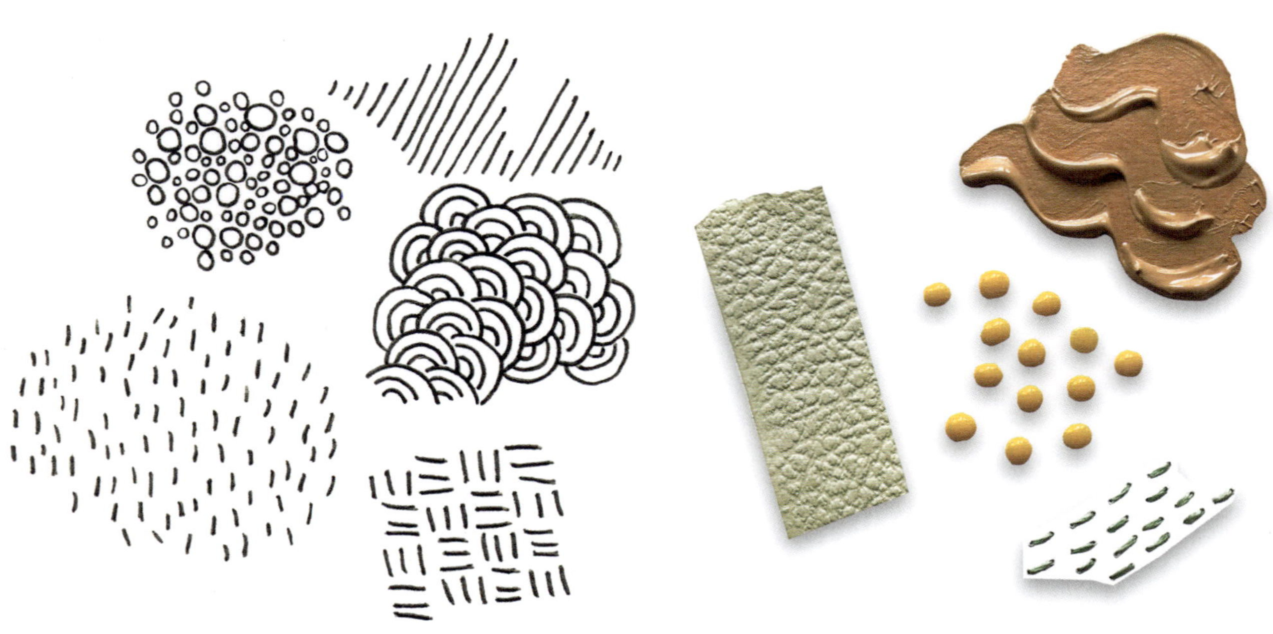

Beispiele für visuelle Texturen

Beispiele für taktile oder physische Texturen

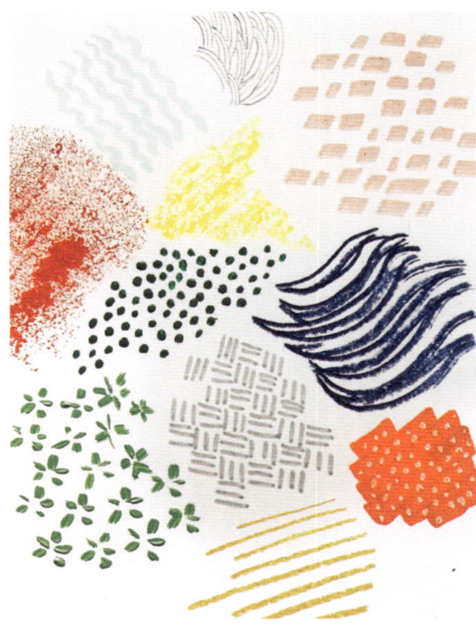

Stellen Sie mit verschiedenen Zeichen- und Malutensilien diverse visuelle Texturen her.

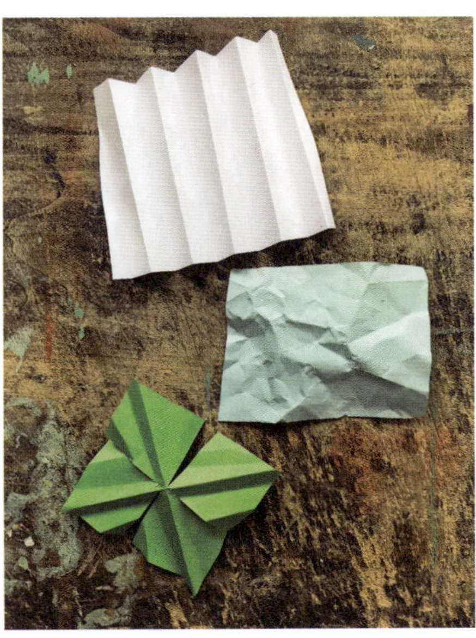

Nehmen Sie ein paar Bögen Papier und geben ihnen – nur durch Falten! – verschiedene taktile Texturen.

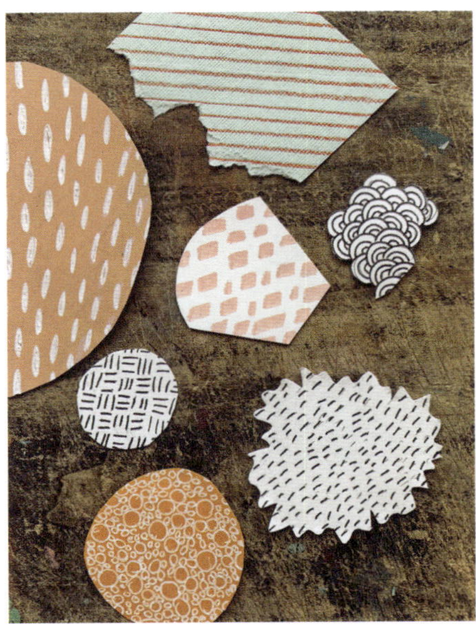

Zerschneiden Sie jetzt die gezeichneten und gemalten Texturen in unterschiedliche Formen. Mit einer Zackenkante rings um eine gemalte Textur entstehen taktile und visuelle Texturen im selben Element.

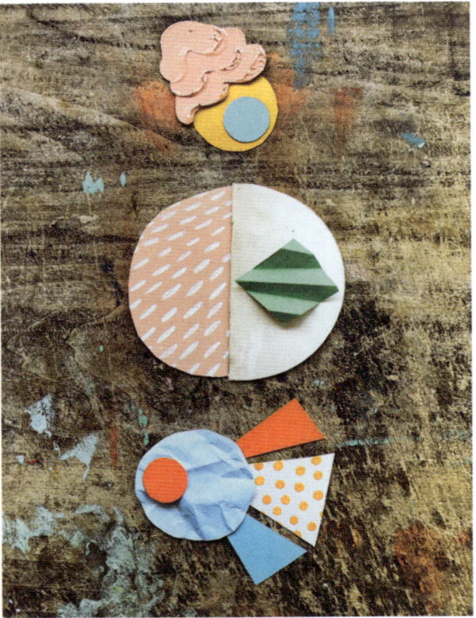

Um zu sehen, welchen Effekt sie auf das Gleichgewicht der Komposition haben, kombinieren Sie sie mit taktilen Texturen und leuchtenden Farben.

ÜBUNG

NEGATIVRAUM

Die Elemente einer Collage bilden normalerweise den Positivraum, alles ringsum den Negativraum. Je nachdem, wie man ihn einsetzt, kann der Negativraum genauso interessant wie der Positivraum sein oder sogar noch reizvoller. Man kann damit eine Geschichte erzählen, ein Gleichgewicht herbeiführen und einen Schwerpunkt hervorheben. Die Beziehung zwischen Positiv- und Negativraum kann eine Form entstehen lassen, die Kontrastwirkung beeinflussen und die Spannung erhöhen oder abmildern. Eine Komposition mit sehr wenig Negativraum wirkt oft überfüllt, gedrängt oder sogar erstickend. Ist der Negativraum sehr groß, erscheinen die Elemente darin vielleicht verloren und die Collage nicht in sich geschlossen. Beide Effekte können jedoch durchaus erwünscht sein und die Stimmung einer Collage beeinflussen.

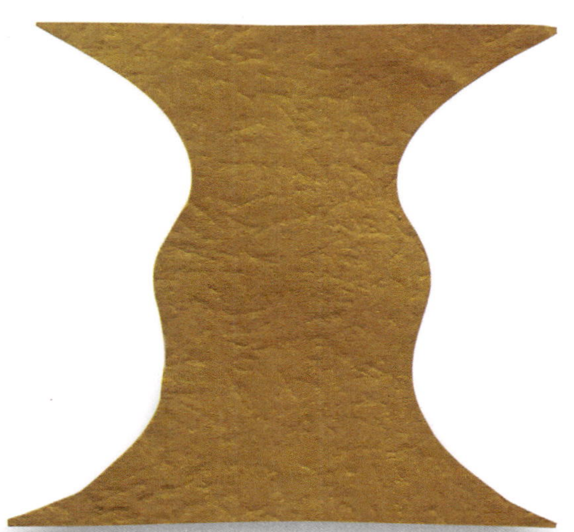

Hier ist der Positivraum gelb.

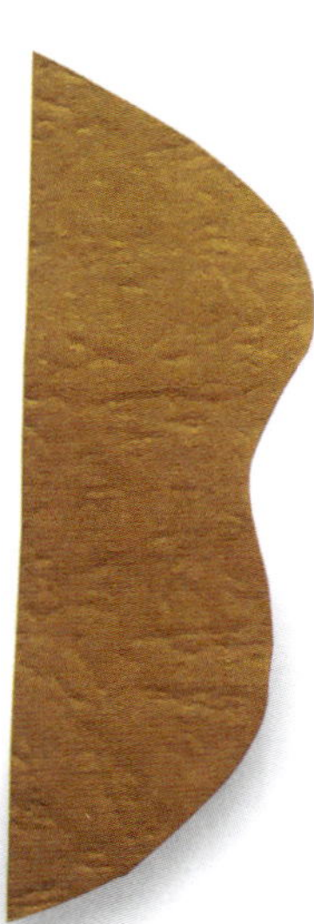
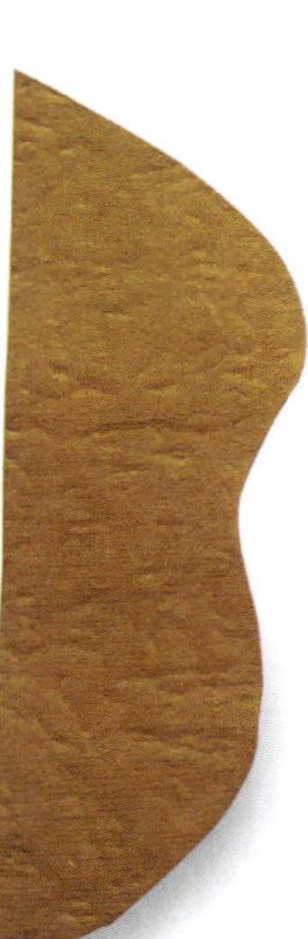

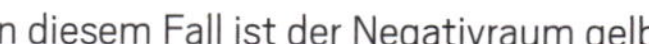

In diesem Fall ist der Negativraum gelb.

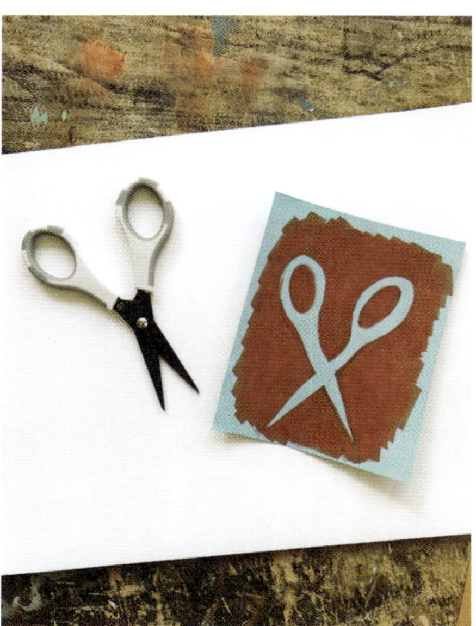

Machen Sie sich den Negativraum bewusst und trainieren Sie Ihr Gehirn darin, auf seine Form zu achten. Zeichnen Sie dazu den Negativraum eines Gegenstands.

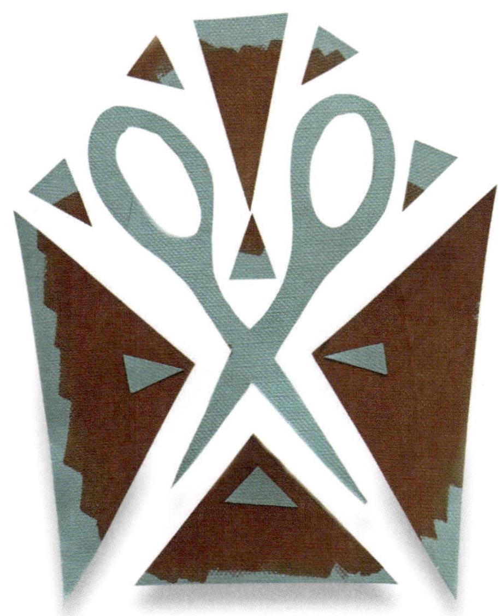

Schneiden Sie das Objekt aus, sodass nur der Negativraum übrig bleibt. Verwenden Sie beide Teile in einer Komposition.

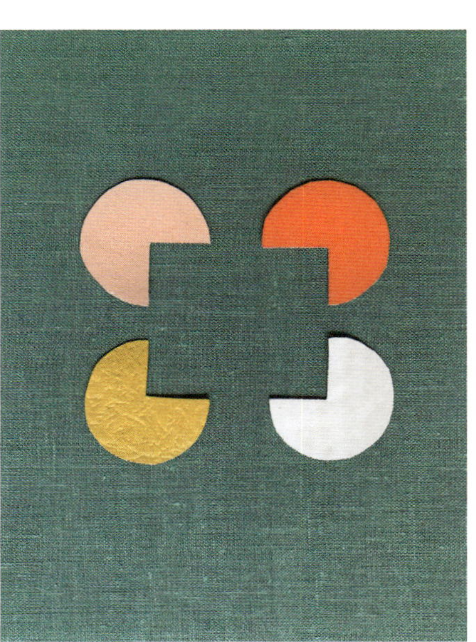

Schneiden Sie mehrere einfache Formen aus Papier aus und arrangieren sie so, dass daraus mithilfe des Negativraums eine neue einfache Form entsteht.

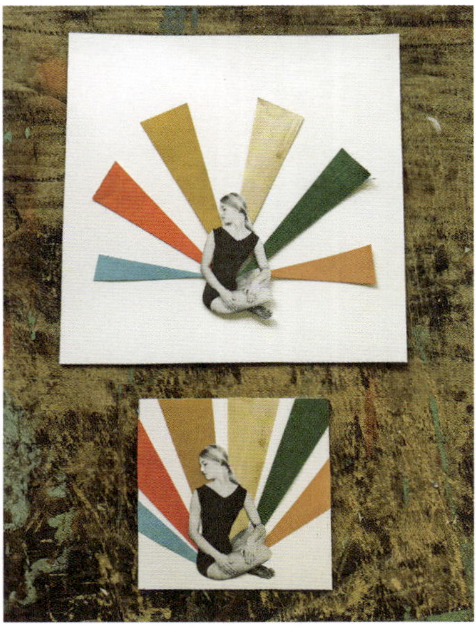

Zeichnen Sie ein 10 x 10 cm großes und ein 20 x 20 cm großes Quadrat auf ein Blatt Skizzenpapier. Wählen Sie drei bis fünf Collage-Elemente aus und ordnen sie zunächst im kleineren und dann im größeren Quadrat an. Wie wirkt die Komposition mit einmal mehr, einmal weniger Negativraum?

ÜBUNG

EINFACH UND KOMPLEX

Das Gegensatzpaar einfach/komplex kann man in einer Bildkomposition auf verschiedene Weise ausdrücken. Eine Möglichkeit bieten einfache und komplexe *Formen*.

Einfache oder **geometrische Formen** findet man normalerweise nicht in der Natur. Man unterscheidet Kategorien wie Ellipsen, Dreiecke oder Rechtecke.

Komplexe oder **organische Formen** sind unregelmäßig und setzen sich aus vielen einfachen Formen zusammen.

In einer Komposition können Sie auch einfache und komplexe Muster, Formen und Texturen kombinieren, um Kontraste zwischen bestimmten Elementen zu betonen. Denken Sie an Tarnmuster im Tierreich: Verbirgt sich ein Tier oft im hohen Gras – einer komplexen Textur –, ist auch sein Fell oder Gefieder komplex gemustert. Warum? Weil es dadurch mit seiner Umgebung optisch verschmilzt. Das Gleiche gilt für Ihre Bildkomposition: Zwei komplexe Elemente direkt nebeneinander ergeben *eine* unruhige Fläche. Kontraste kann man aufzeigen, indem man ein komplexes Motiv oder Muster neben einem schlichten platziert.

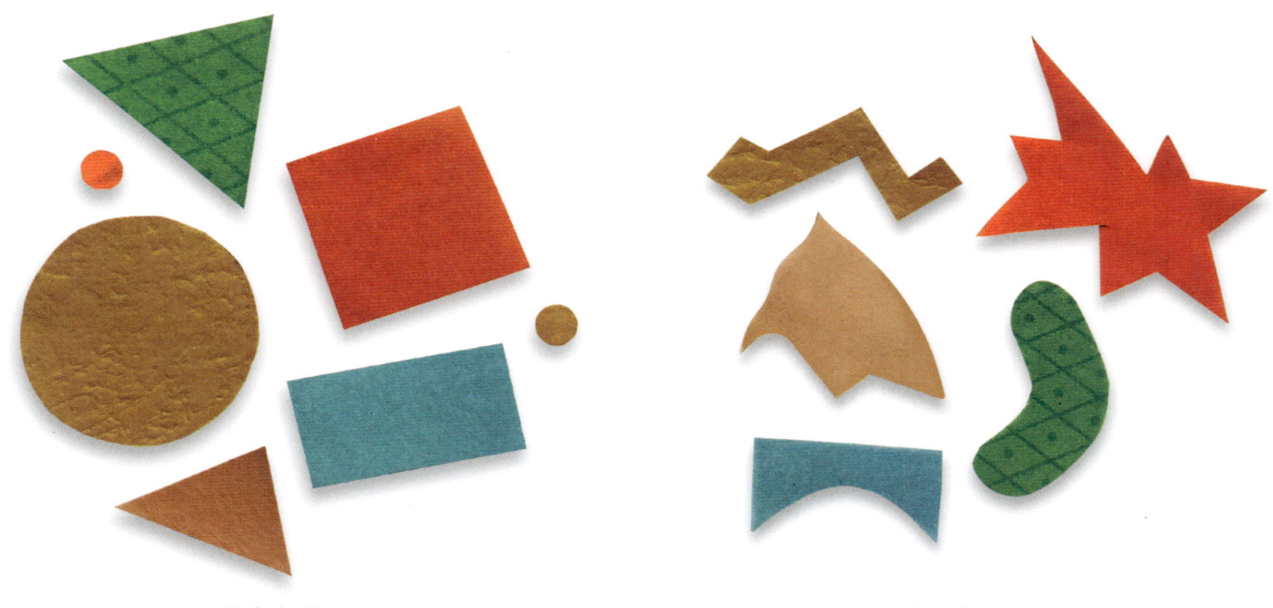

Einfache Formen

Komplexe Formen

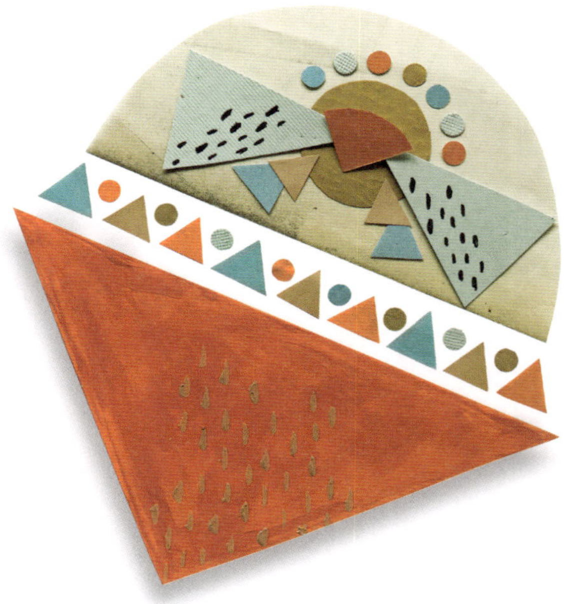

Erstellen Sie eine komplexe Komposition aus einfachen Formen.

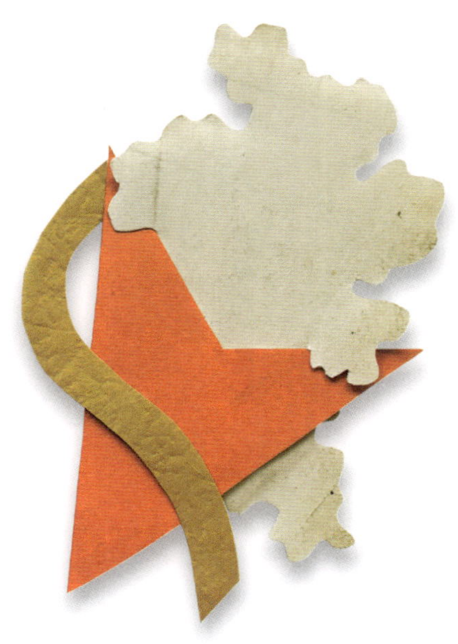

Erstellen Sie eine einfache Komposition aus komplexen Formen.

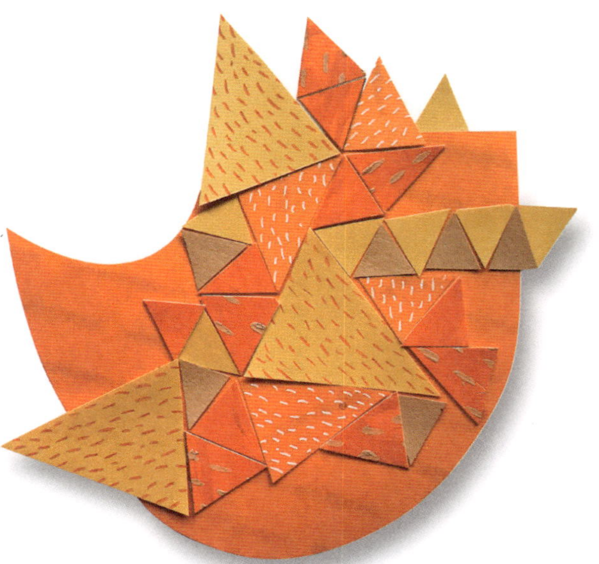

Stellen Sie eine Collage aus Papierstücken her, die viel Struktur und ähnliche Farben aufweisen, sodass sie eine Fläche bilden.

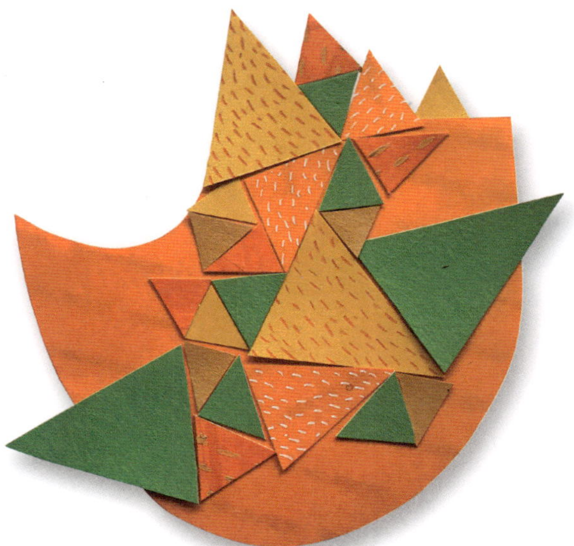

Experimentieren Sie nun mit Kontrasten. Wie erreichen Sie am besten, dass die gewählten Papierstücke eine Einheit bilden? Probieren Sie unifarbene und schlicht gemusterte Teile zusammen aus.

ÜBUNG

FLIESSBEWEGUNG

Wir alle kennen wunderschöne Fotos von Flüssen, die sich malerisch durch Wälder schlängeln. Das über Felsblöcke schießende Wasser ist meist nur verschwommen zu erkennen – ein typisches Beispiel für eine Fließbewegung. Ebenso wie wir das Fließen von Wasser erleben, spüren wir auch die Fließbewegung in einer Komposition, während unser Blick dem Fluss auf seinem Weg durch die Landschaft folgt. Wer „Fließbewegung" hört, denkt meist spontan an Wasser, aber man kann auch andere Dinge zum Fließen bringen. Der Blick folgt im Bild einem visuellen Pfad aus aneinandergereihten Elementen, die oft in Form und/oder Farbe ähnlich sind. Sie sollten so nah beieinander angeordnet sein, dass sie nicht wie zufällig verteilt wirken, sondern optisch zusammenhängen.

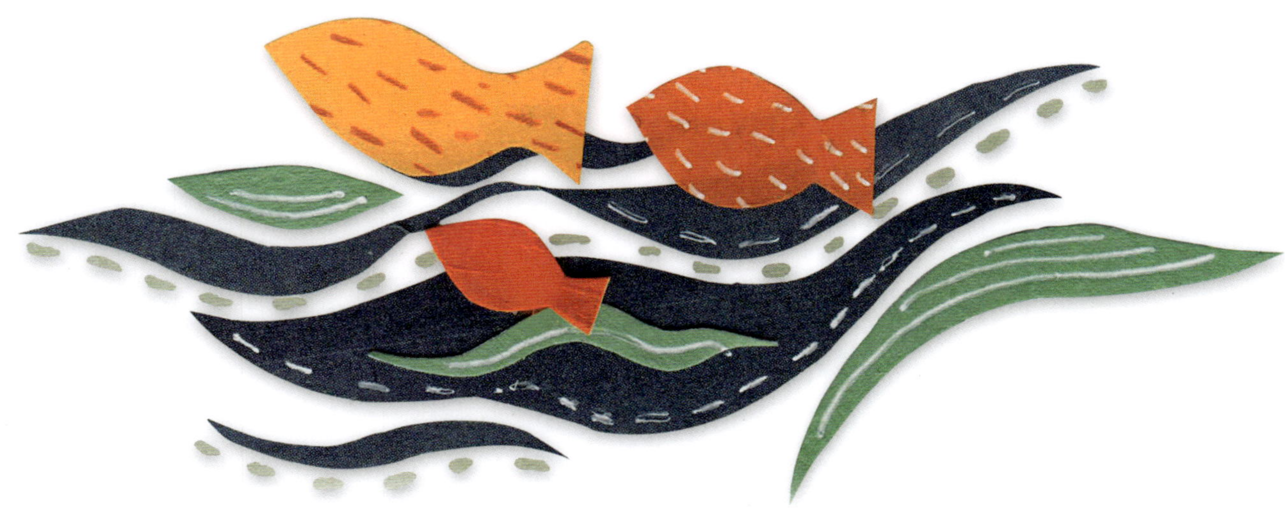

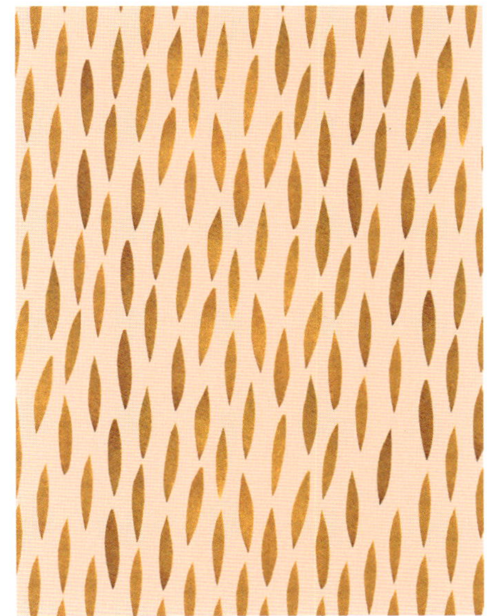

Schneiden Sie kleine Motive in zwei Formaten oder Farben aus und arrangieren davon eine Sorte in gleichmäßigen Abständen als ausgewogenes Allover-Muster.

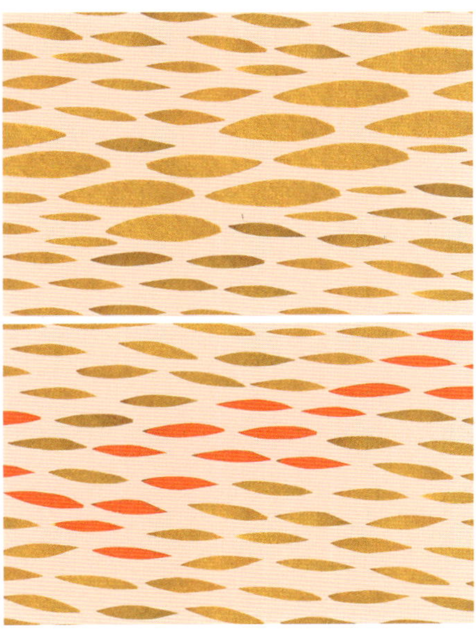

Ersetzen Sie nun nach und nach einige der Elemente Ihrer Komposition durch die andere Sorte Motive, bis eine Fließbewegung entsteht.

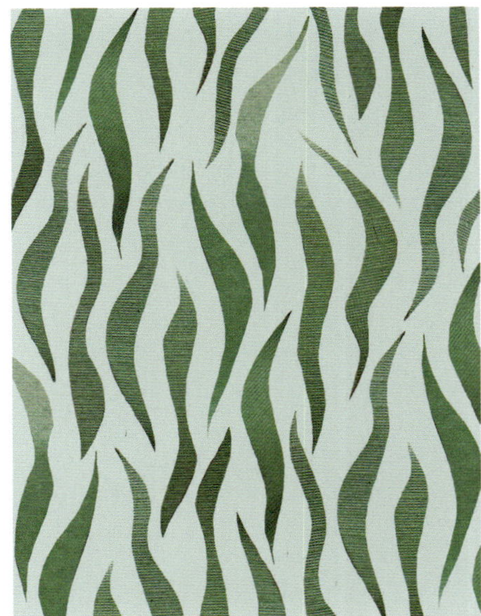

Schneiden Sie lange, organische Formen ungefähr gleicher Größe aus und arrangieren sie als Muster über das ganze Papierblatt, sodass alle in dieselbe Richtung laufen. Macht das auf Sie den Eindruck einer Fließbewegung?

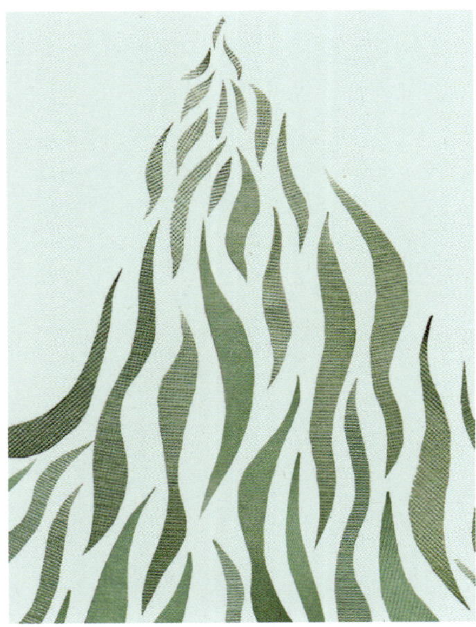

Schneiden Sie nun weitere Formen aus, aber diesmal in verschiedenen Formaten. Fangen Sie am unteren Rand mit den größeren an und nehmen Sie nach und nach immer kleinere, die sich auf einen Fluchtpunkt zubewegen. Auch hierbei entsteht eine Fließbewegung, aber nun lenkt das Muster den Blick nach vorn.

ÜBUNG

FORMEN

Formen sind ebene Flächen, die von einer Linie eingerahmt werden oder sich dadurch absetzen, dass zwischen ihnen und ihrer Umgebung ein Kontrast oder sonstiger Unterschied besteht. Alle unzähligen Formen, die es auf der Welt gibt, gehören einer von zwei Kategorien an: den *geometrischen* und den *freien Formen.*

Geometrische Formen kann man mit mathematischen Formeln berechnen. Die meisten sind von Menschenhand geschaffen, etwa Kreise, Rechtecke, Dreiecke oder Trapeze.

Freie oder organische Formen sind unvorhersagbar, unregelmäßig und meist in der Natur zu finden. Organische Formen tun, was sie wollen, und wir lieben sie, weil sie alles spannender machen.

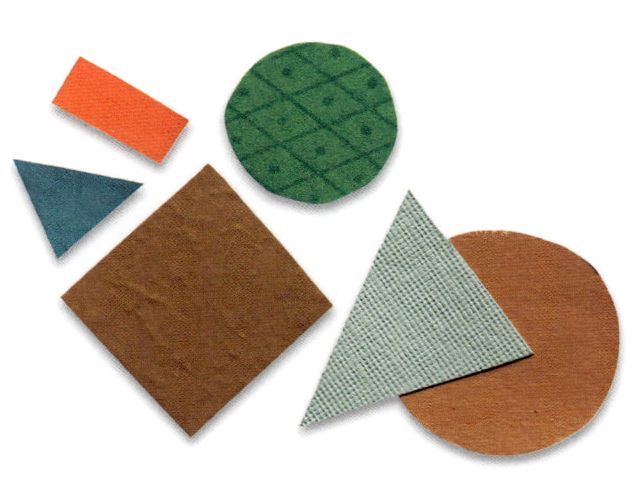

Geometrische Formen

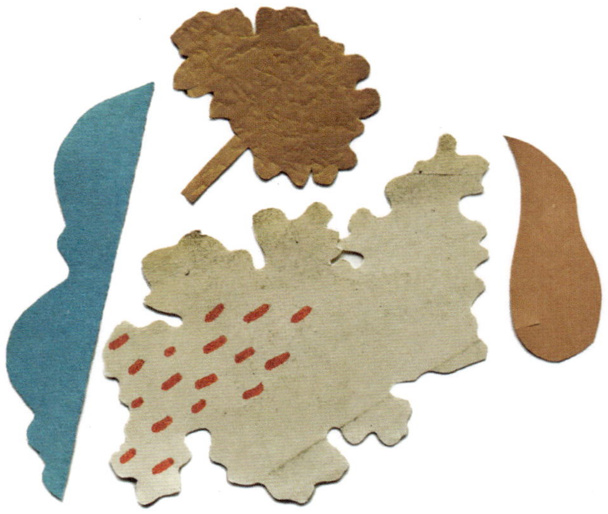

Organische Formen

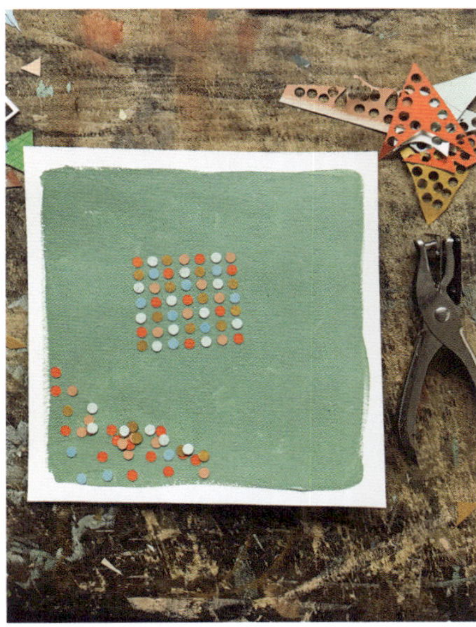

Ordnen Sie kleinere Formen so an, dass sie eine größere Form ergeben, ohne sich zu berühren.

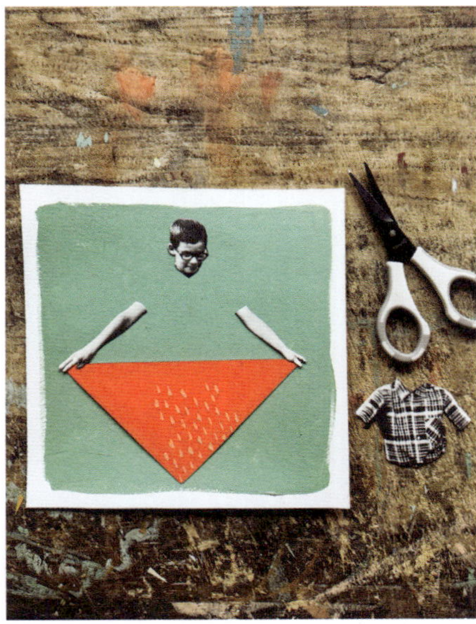

Nehmen Sie ein detailliertes Bild, zum Beispiel von einer Person, und schneiden davon viel weg. Trotz des Leerraums ergänzen Ihre Augen automatisch die fehlenden Formen, und das macht Ihre Komposition interessanter.

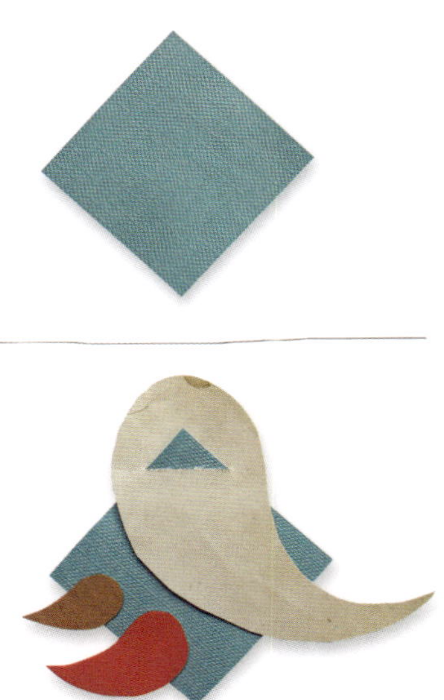

Kombinieren Sie eine streng geometrische Form wie ein Quadrat mit ausgeschnittenen oder gefundenen organischen Formen zu einer ausgewogenen Komposition.

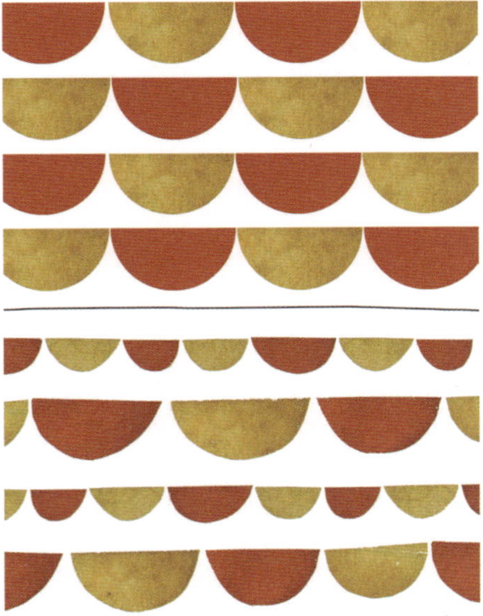

Kreieren Sie ein schlichtes Muster aus sauber ausgeschnittenen geometrischen Formen (am besten mit einer Schablone) und ordnen Sie die Teile ohne Kleber auf einem Träger an. Beschneiden Sie nun nach und nach jede Form, bis sie organischer aussieht und anders als ihre Nachbarn wirkt. Welchen Eindruck macht diese Verwandlung auf Sie?

ÜBUNG

LINIEN

Linien sind eines der komplexesten Kompositionselemente. Sie können den Blick auf einen bestimmten Punkt lenken, Bewegung andeuten, die Illusion von Räumlichkeit erzeugen, Elemente trennen oder vereinen und optisch durch ein Bild führen. Sie können durchgehend, gestrichelt oder nur gedacht, dünn oder dick und gerade oder gebogen sein. Es gibt unzählige Arten von Linien und fast genauso viele Möglichkeiten, sie in Collagen einzusetzen. Bei diesen Übungen stellen Sie selbst Linien her. Schneiden Sie sie aus Papier aus, zeichnen oder malen sie, oder suchen welche aus Ihrer Papiersammlung heraus. Ein Dachvorsprung oder eine Horizontlinie etwa ergibt eine schöne Linie, die man aus einem Bild ausschneiden kann.

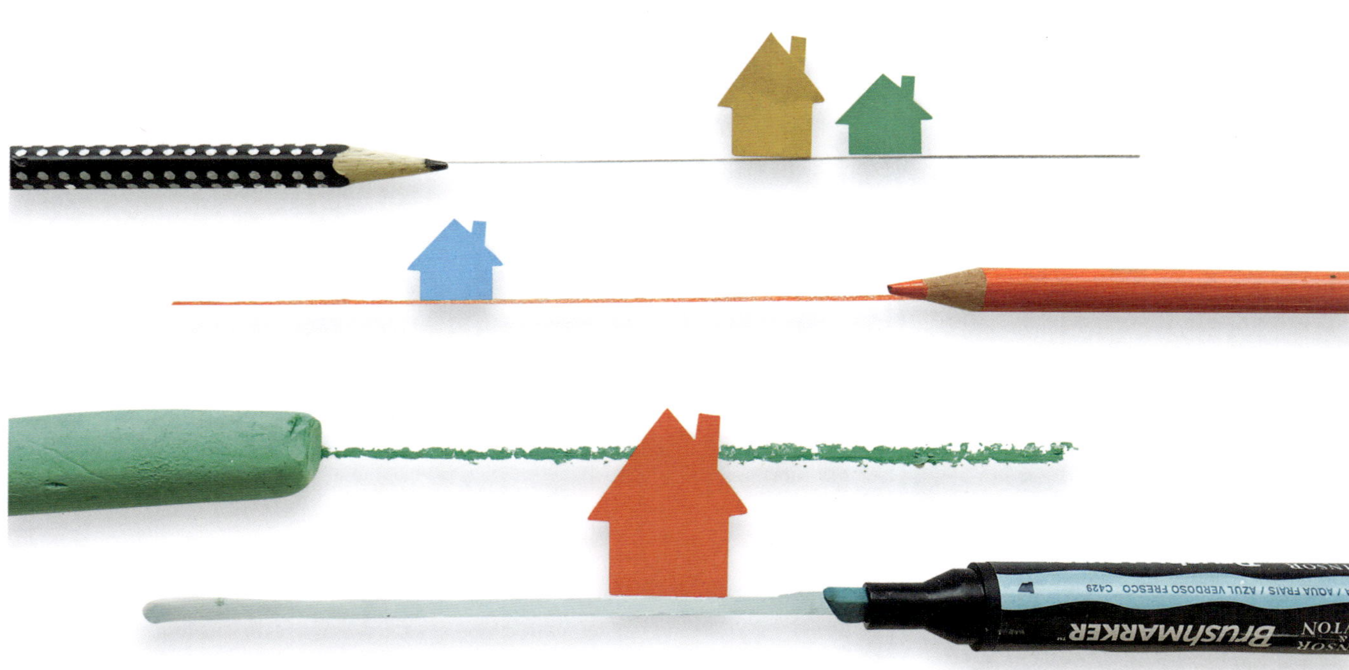

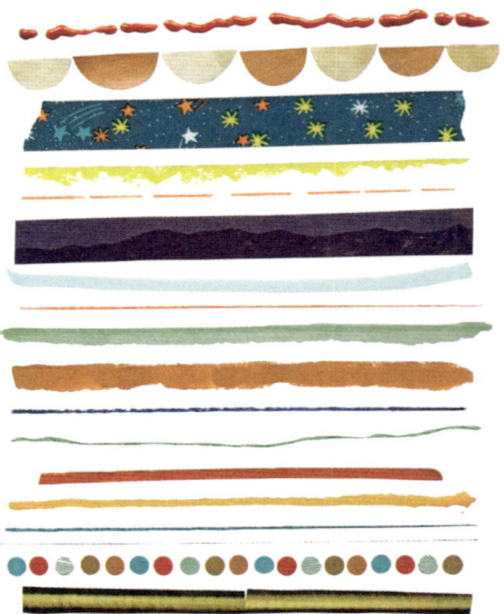

Probieren Sie, wie viele verschiedene Linienarten Sie auf einem Blatt Papier unterbringen können. Arbeiten Sie sich einmal durch Ihre Werkzeugsammlung und achten darauf, welche Linien scharf und hart und welche weich aussehen. Gestalten Sie gedachte Linien aus Pünktchen und fügen Sie Anleihen aus Ihrer Papiersammlung ein. Als Aufwärmübung ist das der perfekte Start in einen kreativen Tag! Sie können die Linien in Streifen schneiden und für späteren Gebrauch beiseite legen.

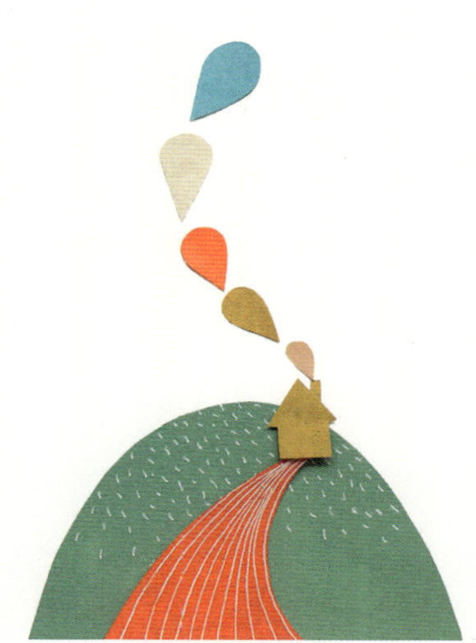

Schaffen Sie mit Linien die Illusion von Räumlichkeit. So lenken Sie den Blick des Betrachters zum vorgegebenen Fokus Ihres Bildes.

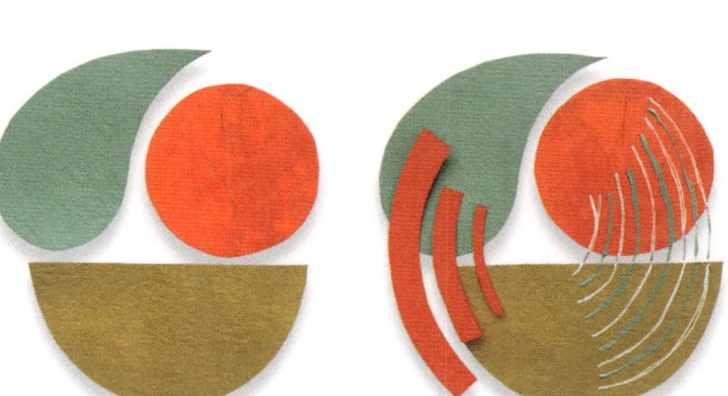

Legen Sie drei verschiedene Papierformen auf einen Papierträger, ohne dass sie sich berühren. Verbinden Sie sie mit beliebigen Linien zu einer ausgewogenen Komposition. Die Linien können sich in Farbe, Dicke und Medium unterscheiden.

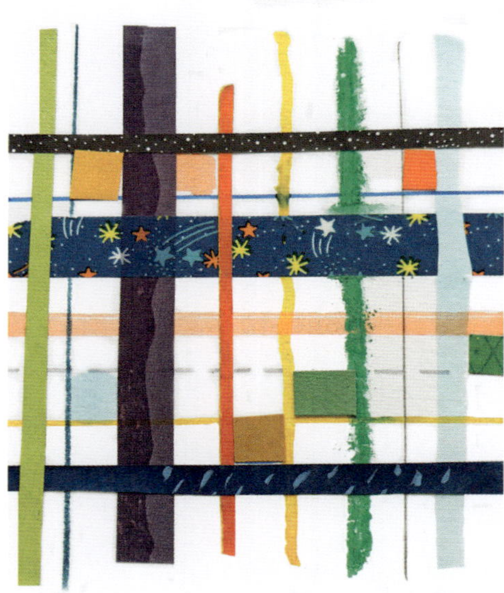

Wählen Sie ein paar Ihrer Linienstreifen aus der ersten Übung aus und kombinieren sie mit gezeichneten Elementen zu einem Gitternetz. Die Felder dürfen je nach Linienabstand gleich oder verschieden groß sein. Nun füllen Sie einige Felder an verschiedenen Stellen im Netz mit Texturen und Farben. Achten Sie darauf, dass die Komposition im Gleichgewicht bleibt.

ÜBUNG

SCHRIFTEN

Meine Ausbildung habe ich überwiegend im Grafikdesign gemacht (in erster Linie Adobe Creative Suite) und dabei meine innige Liebe zu Schriften entdeckt. Genau wie Farbe kann ein Font die Stimmung eines Designs völlig verändern. Je nach Rundungen, Strichstärke und Winkeln sind Schriften eher geometrisch oder eher organisch. Klingelt da etwas bei Ihnen? Und ob! Wir sind damit wieder bei den Formen. Sie können ganze Wörter in Ihre Collage einfügen und damit zusätzliche Bedeutungsebenen schaffen, aber wir beschränken uns hier auf Buchstaben als Formen und Texturen. Schnappen Sie sich also ein paar alte Zeitungen mit herrlich bombastischen Schlagzeilen und fangen Sie an zu experimentieren.

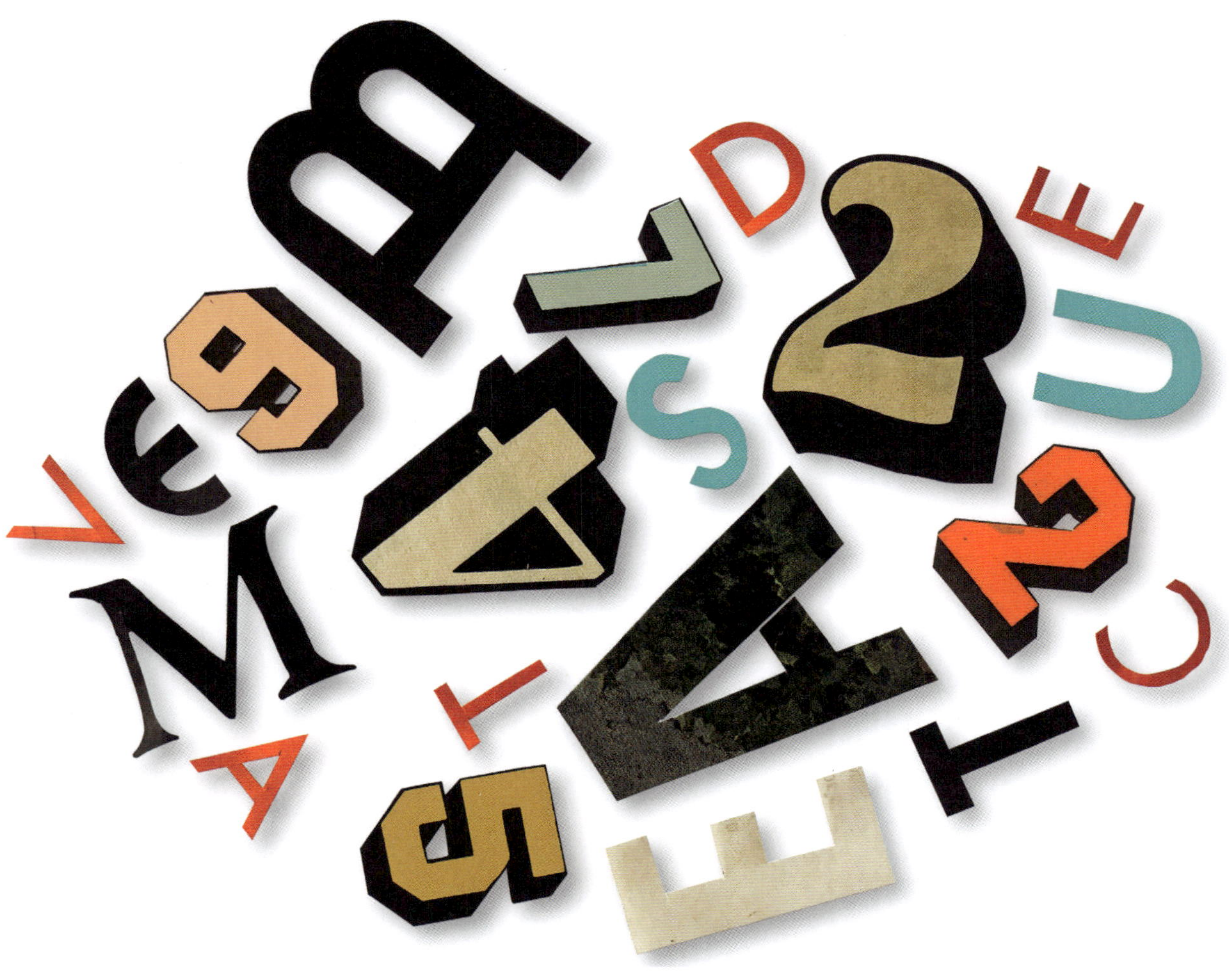

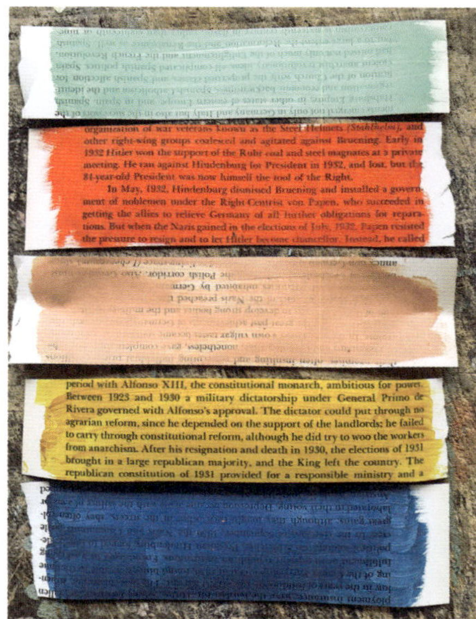

Schneiden Sie eine Buchseite aus und bestreichen sie dünn mit Acrylfarbe oder Gouache. Die Buchstaben schimmern durch die Farbschicht und liefern eine interessante Textur. Fügen Sie weitere Farbschichten hinzu, bis Sie zufrieden sind.

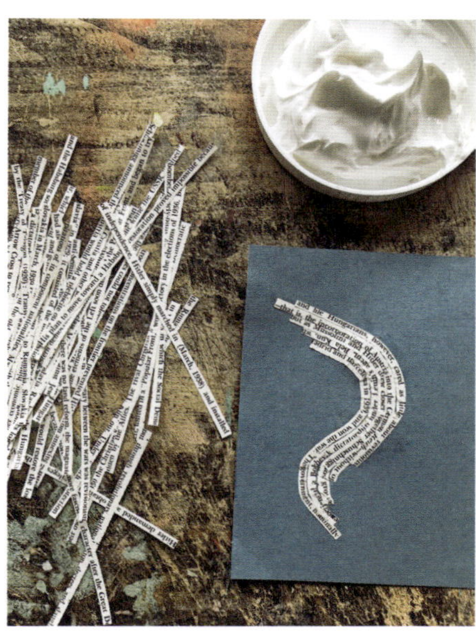

Zerschneiden Sie einen Buch- oder Fließtext in gleich breite Streifen und kleben diese als Strukturmuster auf Ihren Träger. Ich befeuchte die Streifen erst mit Gelmedium, dann kann man sie im feuchten Zustand behutsam biegen.

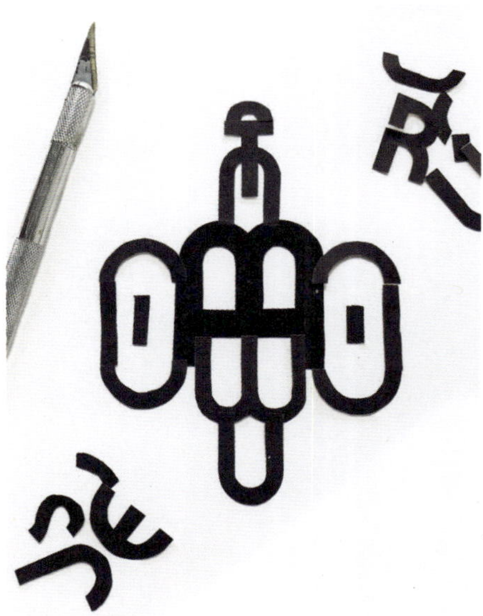

Entweder zeichnen Sie selbst diverse großformatige Buchstaben in einer Farbe oder Sie schneiden vorhandene aus. Wenn sie die falsche Farbe haben, bemalen Sie sie einfach. Stellen Sie die Buchstaben zusammen und drehen sie dabei, bis sie keine Einzelbuchstaben mehr sind, sondern nur noch abstrakte Formen.

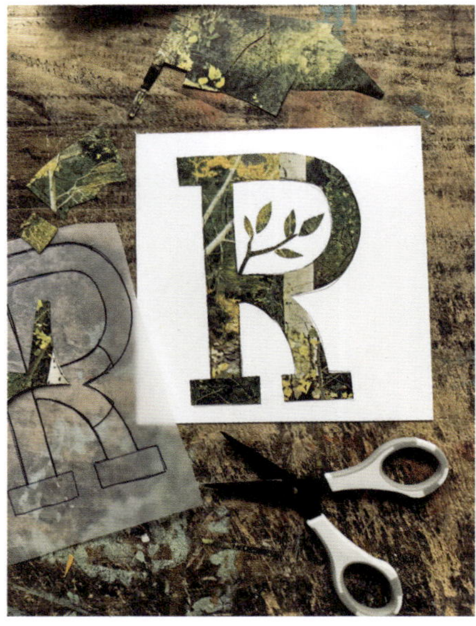

Pausen oder zeichnen Sie einen Riesenbuchstaben Ihrer Wahl auf einen Träger und füllen seine Flächen mit Collage-Elementen. Sie können ein Thema wiedergeben, bunt oder einfarbig sein – was Sie möchten! Sie können innerhalb der Begrenzungen bleiben oder ein paar Elemente darüber hinausragen lassen. Der Buchstabe selbst weist Ihnen den Weg.

ÜBUNG

ELEMENTE AUS DER NATUR

Inspirationen finden Sie gleich vor Ihrer Haustür. Ein Morgenspaziergang macht den Kopf frei und den Blick klar. Wenn Sie zuvor streng geometrisch gearbeitet haben, sind diese organischen, unvollkommenen, unvorhersehbaren Formen eine wunderbare Abwechslung, die Sie wieder locker machen. Sammeln Sie unterwegs ein paar Dinge, die Ihnen auffallen, nehmen Sie sie mit ins Atelier oder an Ihren Küchentisch und schauen, was Sie damit anfangen können. Machen Sie inspirierende Fotos von einer tollen Färbung des Himmels und dem Riffelmuster eines trockenen Flussbetts. Nachfolgend ein paar Ideen, was Sie mit Ihren Schätzen anstellen können.

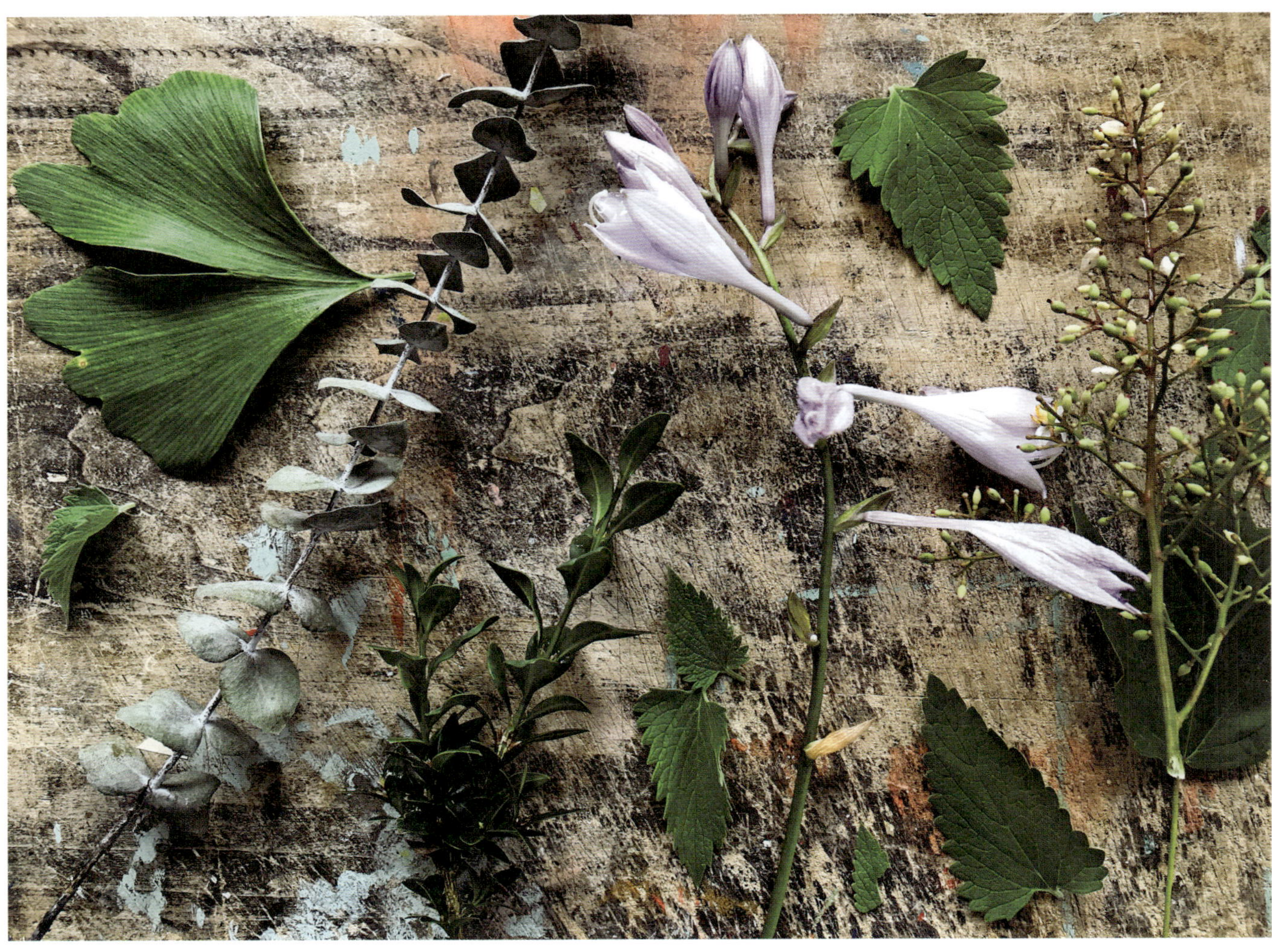

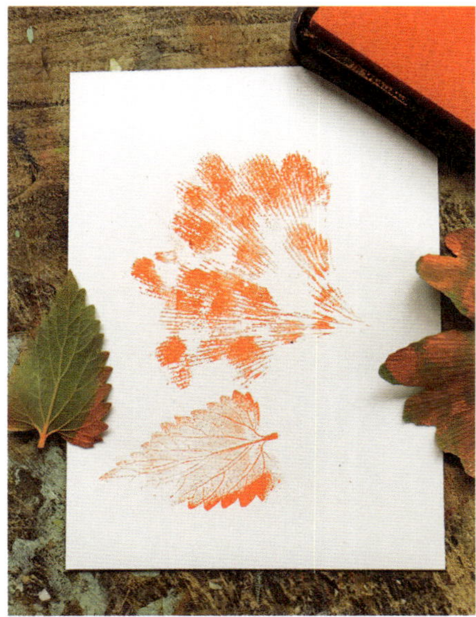

Suchen Sie Blätter in aparten Formen (einer meiner Favoriten ist Ginkgo) und verwenden sie mit Stempelkissen oder Farbe und Pinsel als Druckstempel.

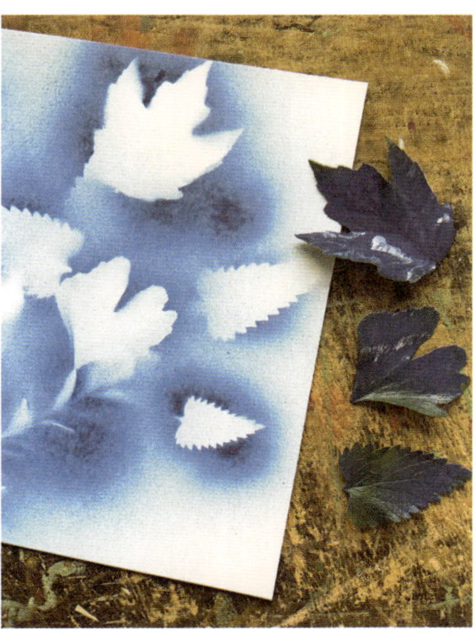

Sammeln Sie Blumen, Blätter, Zweige etc. und arrangieren sie auf einem Blatt Papier, besprühen sie mit Farbspray und lassen sie trocknen. Wenn Sie die Teile wegnehmen, bleiben ihre Umrisse im Negativraum zurück.

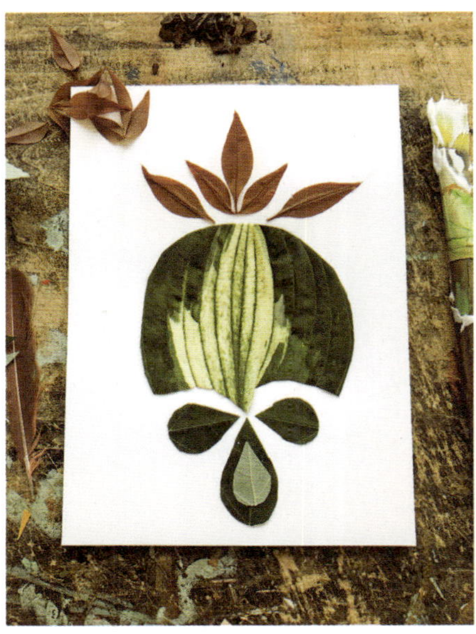

Verwenden Sie getrocknete Blätter, Blütenblätter, Muscheln, Samenkapseln und andere Fundstücke als Teile Ihrer Collage. Für größere oder schwerere Elemente eignet sich am besten Gelmedium oder ein anderer starker Klebstoff.

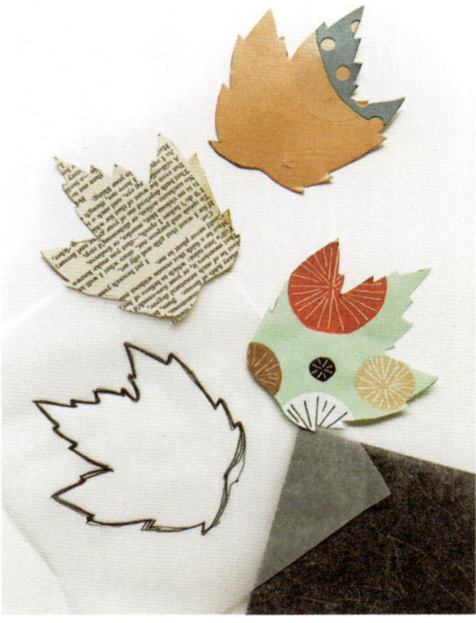

Zeichnen Sie die Konturen der Blätter nach (oder fertigen Sie mit Pergamentpapier Schablonen davon an), schneiden sie aus verschiedenen Papierarten aus und ordnen diese Elemente als Blattmuster an.

ÜBUNG

SKIZZENBÜCHER

Diese Übung ist anders als die vorigen. Als Perfektionistin finde ich es manchmal schwierig, alles, was ich im Kopf habe, auch zu Papier zu bringen. Je mehr ich mich unter Druck setze, desto unzufriedener bin ich mit dem Ergebnis, und desto tiefer gerate ich in eine kreative Sackgasse. Irgendwann verliere ich das Vertrauen in mein Talent und sehe keinen Sinn in dem, was ich da tue, weil ich nur noch das wahrnehme, was mir *nicht* gelingt. Gegen all das hilft vor allem ein locker geführtes Collage-Skizzenbuch. Sie sollen darin keine Meisterwerke erschaffen, sondern üben und herumprobieren und durch Zufall neue Ideen und Fähigkeiten entdecken. In Ihrem Skizzenbuch können Sie mit all den Aufgaben in diesem Buch experimentieren. Beim Durchblättern sehen Sie, was Sie geschafft haben, wie weit Sie gekommen sind und wo man Ihren persönlichen Stil durchblitzen sieht. Wenn Sie noch nie mit Collagen gearbeitet haben, dann durchlaufen Sie gerade einen Lernprozess. Seien Sie nicht zu streng mit sich. Machen Sie Fehler und stehen Sie dazu. Aus vielen Fehlern lernen wir, was wir künftig lassen sollten, und manche führen uns direkt zu unserem eigenen Stil. Fehler haben immer einen Sinn.

Bevor Sie sich für ein Skizzenbuch entscheiden, schauen Sie sich an, welche es gibt. Vielleicht müssen Sie ein paar ausprobieren, aber irgendwann finden Sie das eine, das perfekt zu Ihnen passt, und sie werden es nie mehr missen wollen. Achten Sie auf einen robusten Einband und Multimediapapier, das Klebstoff, Farben und alles andere aushält, was Sie damit anstellen. Ein guter Tipp sind Skizzenbücher mit einer Tasche auf der Rückseite, in der Sie Ausschnitte direkt verstauen können. Das ist definitiv eine große Hilfe, wenn Sie Ihre „Zutaten“ überall einsammeln.

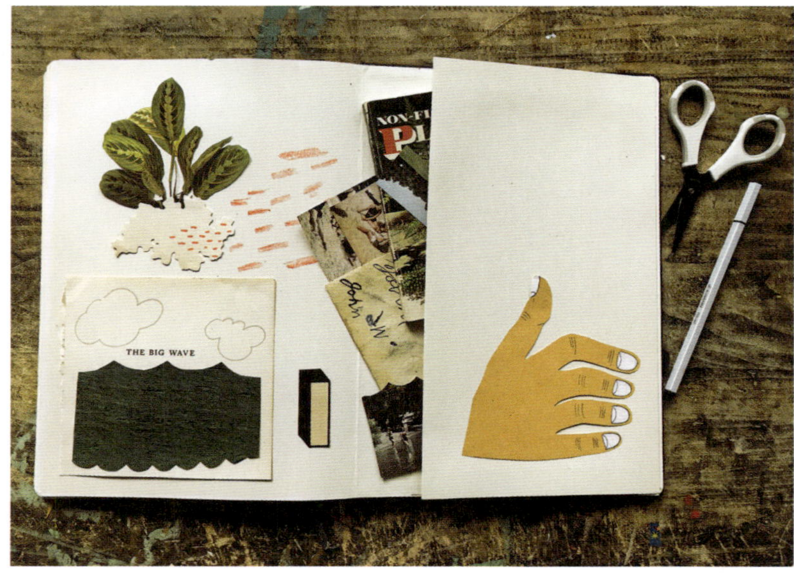

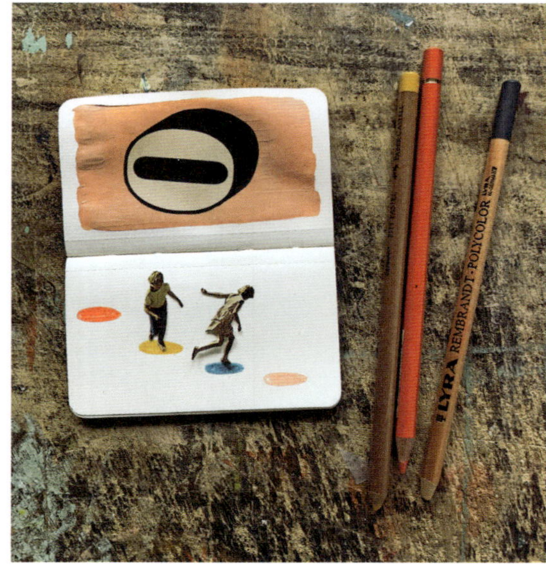

SCHLUSSWORT

Lassen Sie sich auf Ihrem Weg in die große weite Welt der Collage inspirieren, bleiben Sie kreativ und beherzigen Sie folgende Grundregeln:

Haben Sie keine Angst vor schmutzigen Fingern.

Bleiben Sie offen.

Bleiben Sie locker.

Bleiben Sie Ihrer Kreativität treu.

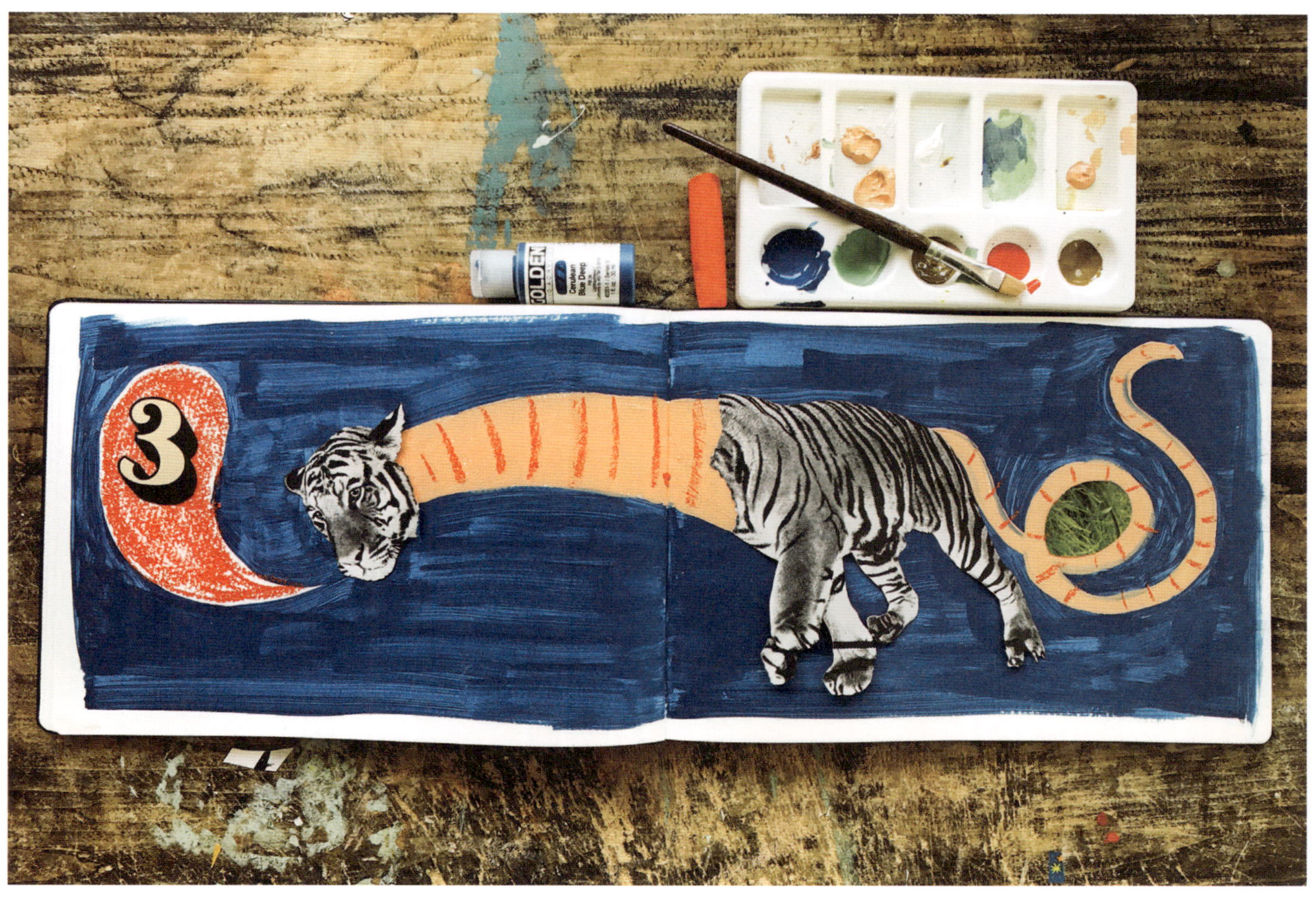

DIE AUTORIN

Hollie Chastain lebt als Collagekünstlerin und Illustratorin in Chattanooga, Tennessee. Nach ihrem Kunst- und Designstudium war sie mehrere Jahre lang im Marketing als Grafikdesignerin tätig. 2009 machte sie sich selbstständig, um wieder mit greifbaren Materialien und analogen Techniken zu arbeiten. Seither hat sie sich kontinuierlich einen Namen als freischaffende Illustratorin und Künstlerin gemacht. Hollie verwendet vorwiegend Papier und kombiniert nostalgische Fotos und gefundene Bilder mit modernen Farben und Kompositionen. Ihre originellen Arbeiten stecken voller Geschichten und schmücken mittlerweile Bucheinbände, Plattencover, Installationen und vieles mehr. Über diverse Publikationen hinaus finden Sie ihre Werke in Galerien und Kunsthandlungen nicht nur in den USA. Sie ist verheiratet, hat zwei Kinder und versorgt ein Haus voll geretteter Streuner.

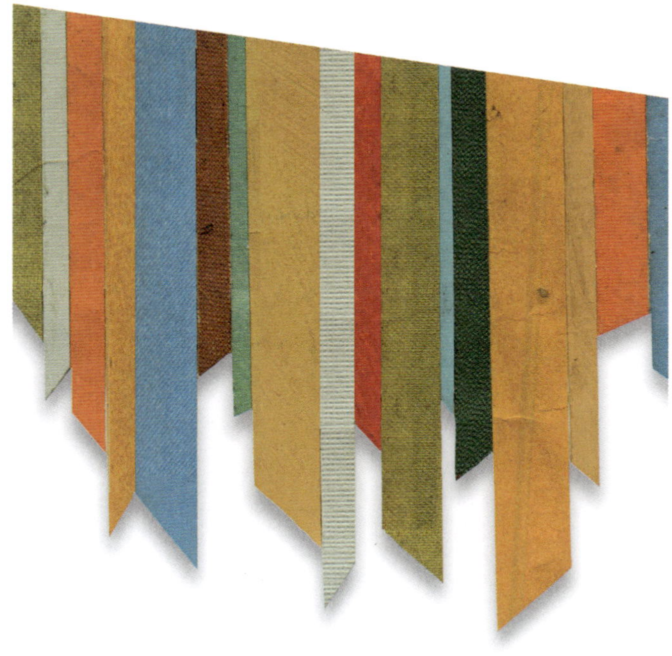

DANKSAGUNG

Als ich dieses Projekt begann, dachte ich: „Klar kann ich das!“, doch als es dann losging und mir klar wurde, dass ich ja nie zuvor versucht hatte, ein richtiges *Buch* zu schreiben, bekam ich Panik. Vielen Dank also, liebe Panik! Mit praktischer und moralischer Unterstützung habe ich es zu Ende gebracht, dabei viel, viel Spaß gehabt und ganz nebenbei eine Menge gelernt. Mein herzlicher Dank gilt der wunderbaren Mary Ann Hall und allen Mitarbeitern bei Quarry Books, die mir diese Chance gegeben und mich geduldig durch das Projekt begleitet haben. Ich danke meinen Kunst- und Designdozenten und -dozentinnen für all die unangekündigten Tests zum Thema Kompositionsregeln, auch wenn ich damals jedes Mal gemeckert habe. Meiner Familie schließlich kann ich gar nicht genug dafür danken, dass sie mich im Laufe meiner Karriere mit all ihren manchmal langwierigen, manchmal stressigen, manchmal wunderschönen und immer ungemein erfüllenden Zeiten so fabelhaft unterstützt und ermutigt hat. Ich danke meinen Kindern für Inspirationen und Spaß, und vor allem dir, Eric. Du bist der Beste.

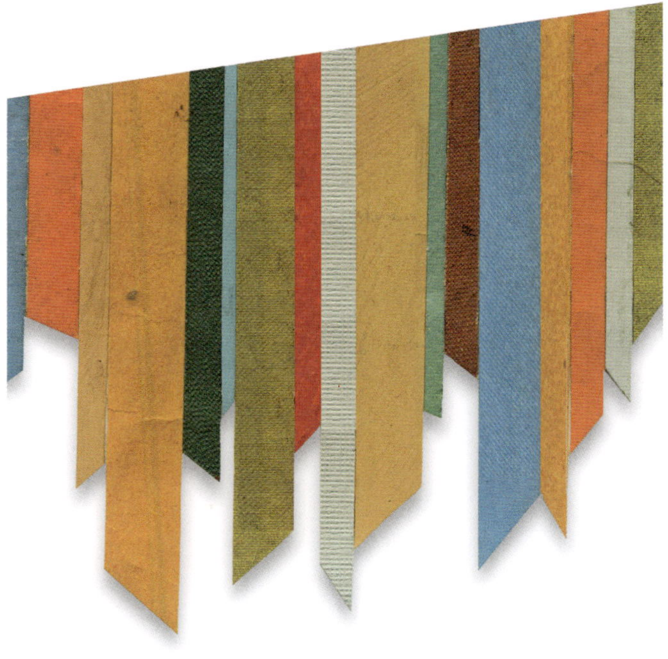

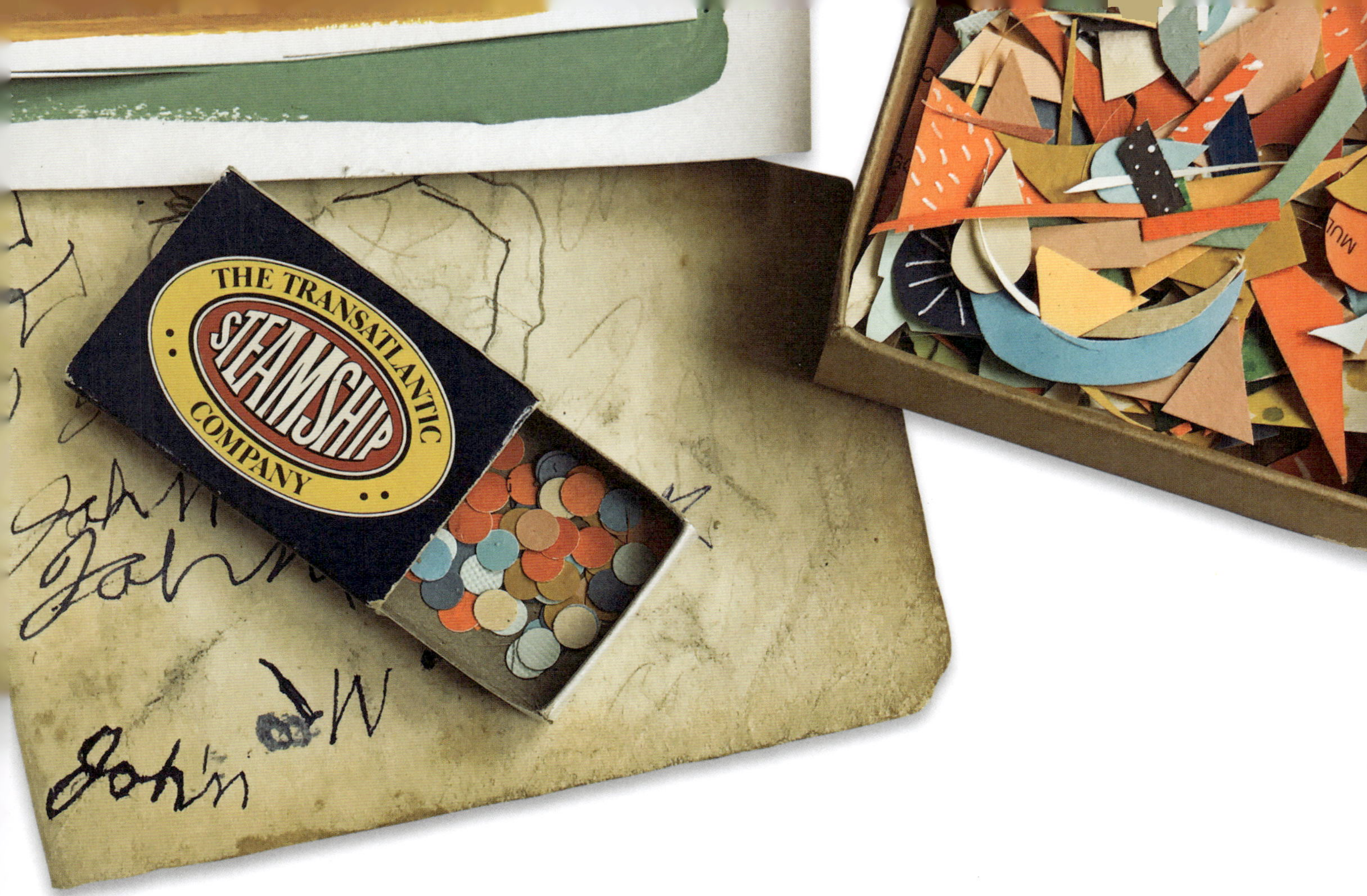

DESIGNPAPIER

Hat mein Buch Sie womöglich so inspiriert, dass Sie hier und jetzt mit Ihrer ersten Collage loslegen möchten? Das kann ich gut verstehen, mir geht es oft genauso. Es ist ein schönes Gefühl. Im Anhang finden Sie deshalb einen Grundstock für Ihre persönliche Papiersammlung.

Als Starthilfe für Ihre eigenen Collagen finden Sie dort ein paar vertraute Figuren, Farben und Muster wieder, mit denen Sie einige Übungen in diesem Buch durchspielen können. Als nächstes wagen Sie sich hinaus in die weite Welt und sammeln Papierschnipsel, Farben und Krimskrams, die Ihnen persönlich etwas sagen, und entwickeln Ihren eigenen Stil. Für den Anfang bieten sich Stapel alter Zeitschriften ebenso an wie Second-Hand-Läden, Antiquitätengeschäfte, Buchantiquariate und Trödelmärkte. Sie alle bieten jede Menge nostalgisches Material.

Die Abbildungen in diesem Buch sind Public-Domain-Bilder (Bilder, die in den USA kein Copyright für sich in Anspruch nehmen können) oder Scans alter Schwarzweißfotos, die ich hier und dort entdeckt habe. Das Urheberrecht ist in Bezug auf Bilder allerdings ein wenig heikel. Machen Sie sich am besten für Ihr Land schlau und entscheiden dann selbst, was für Sie geht und was nicht. Wer ganz korrekt vorgehen will, findet im Internet eine ganze Reihe von Quellen für urheberrechtsfreie Bilder und Fotos. Am allerschönsten ist natürlich die Schachtel mit Ihren eigenen alten Familienfotos. Dazu brauchen Sie nur noch einen Scanner und einen Drucker. Und jetzt: viel Spaß!

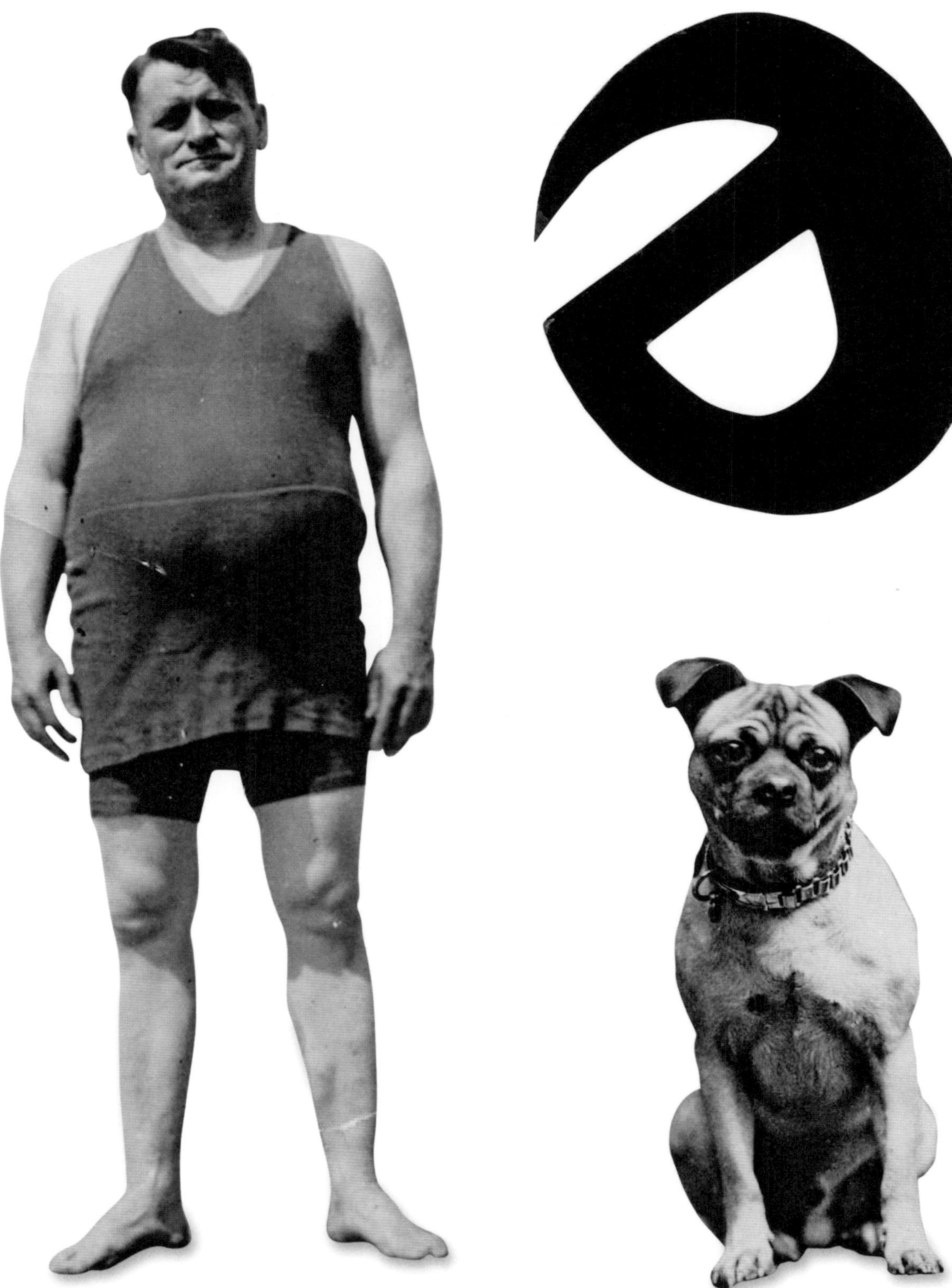

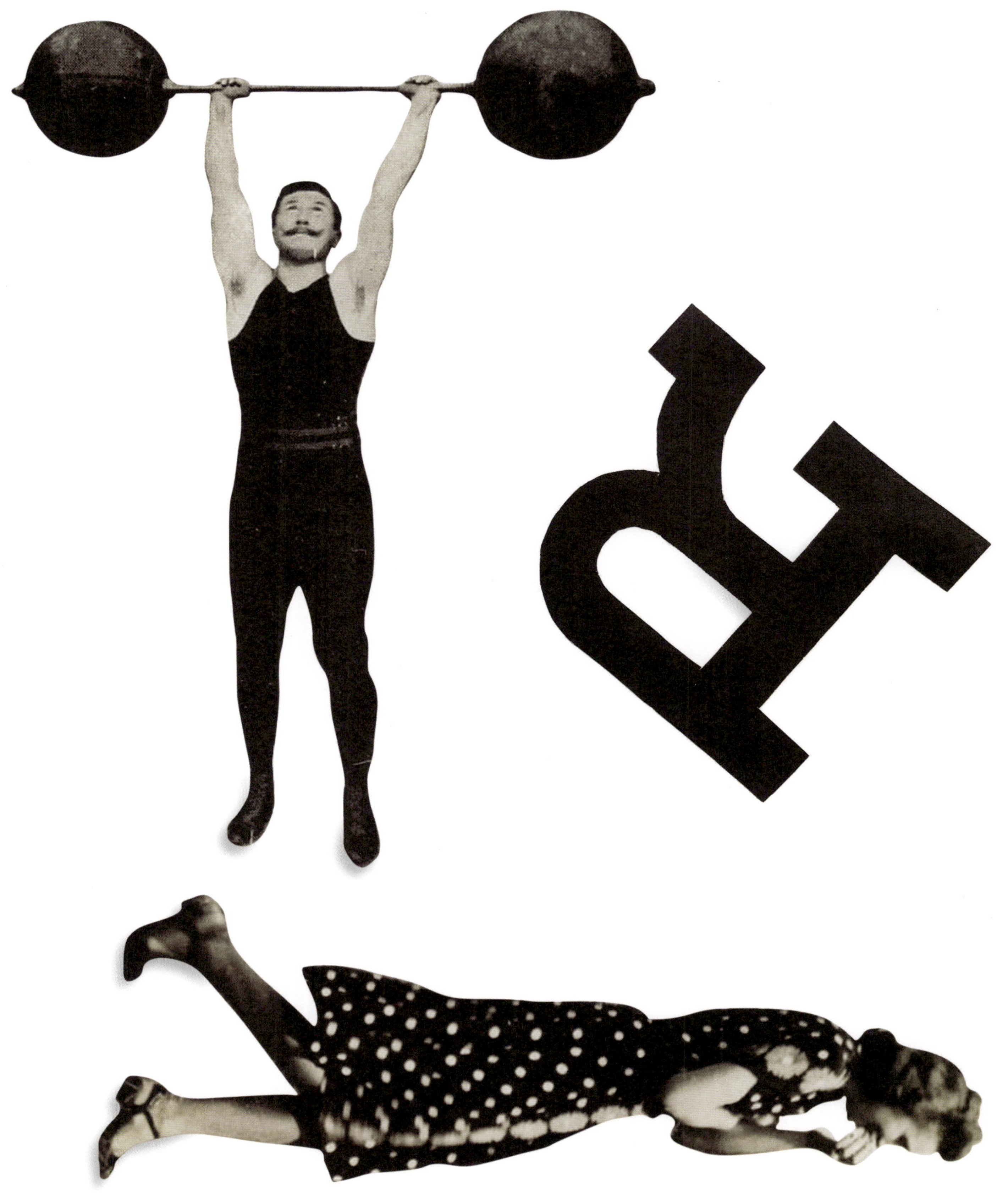

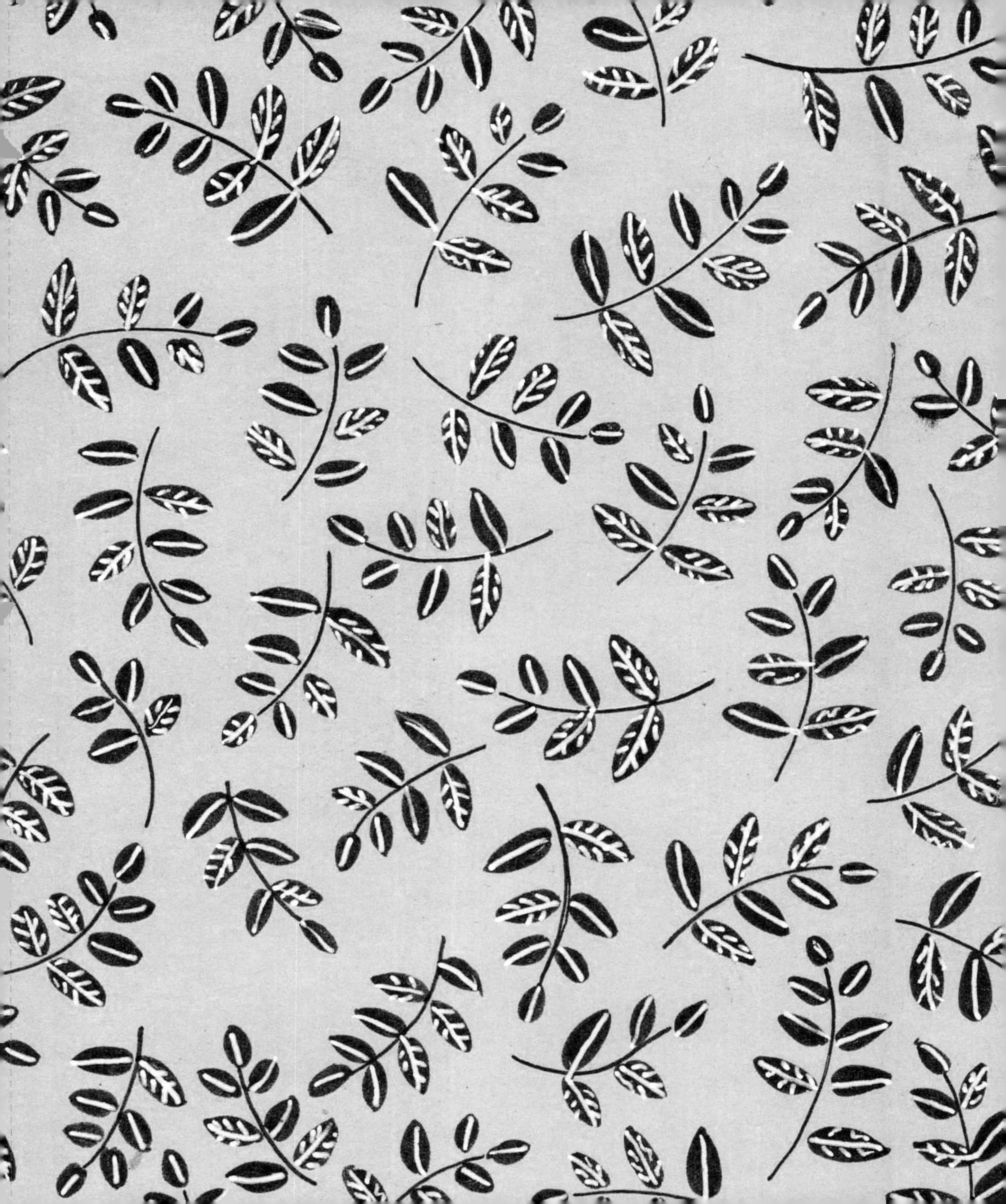

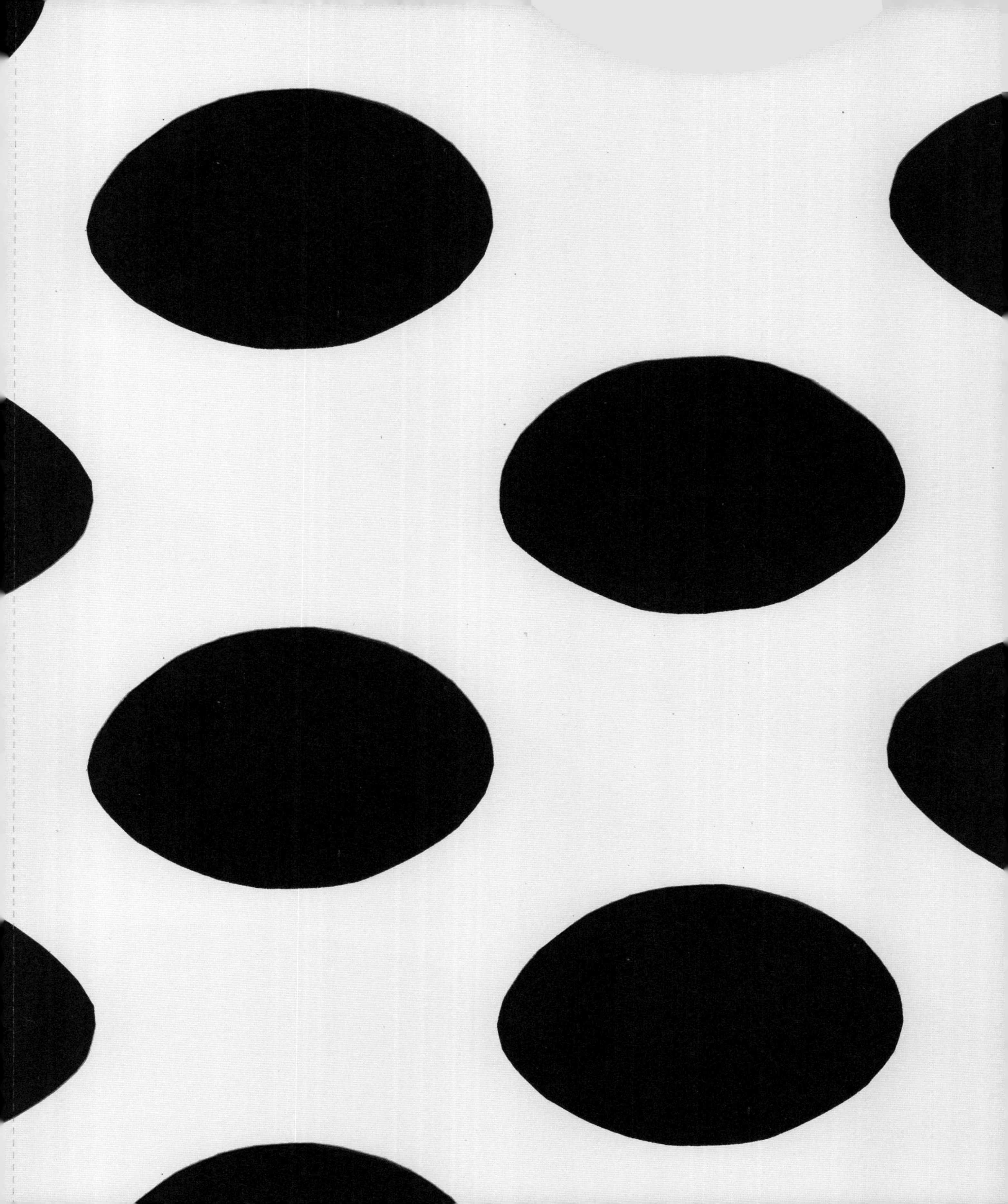

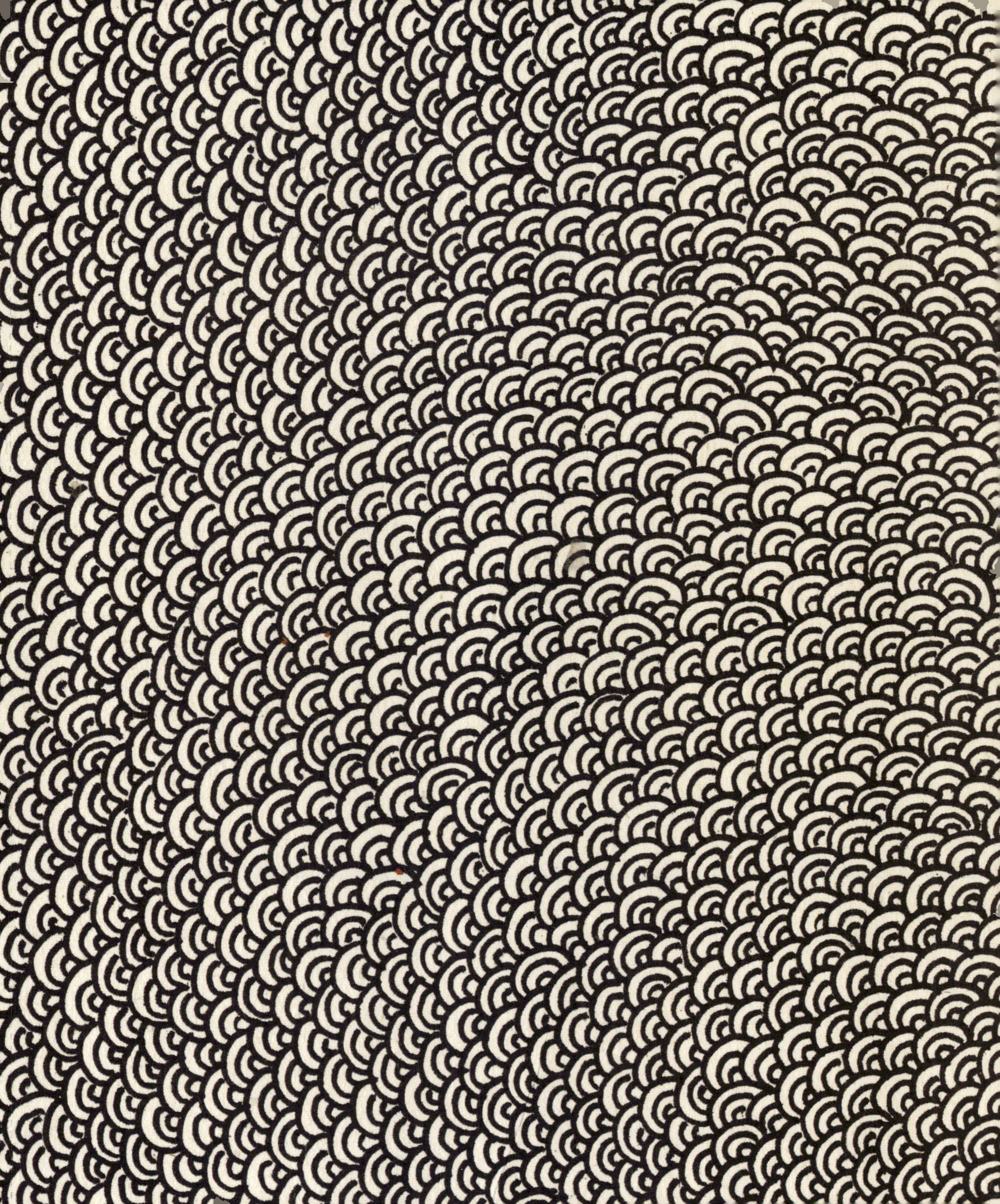

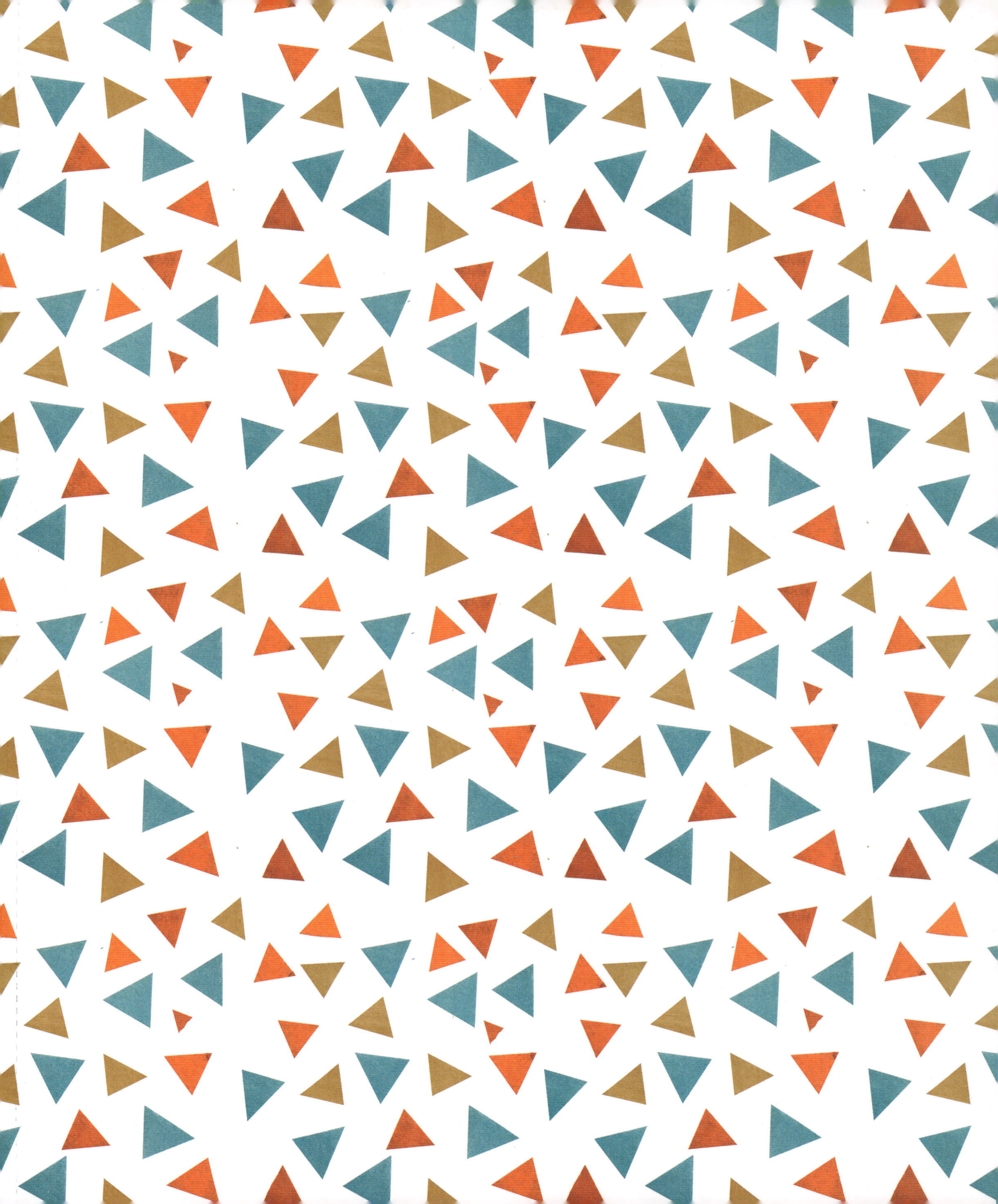

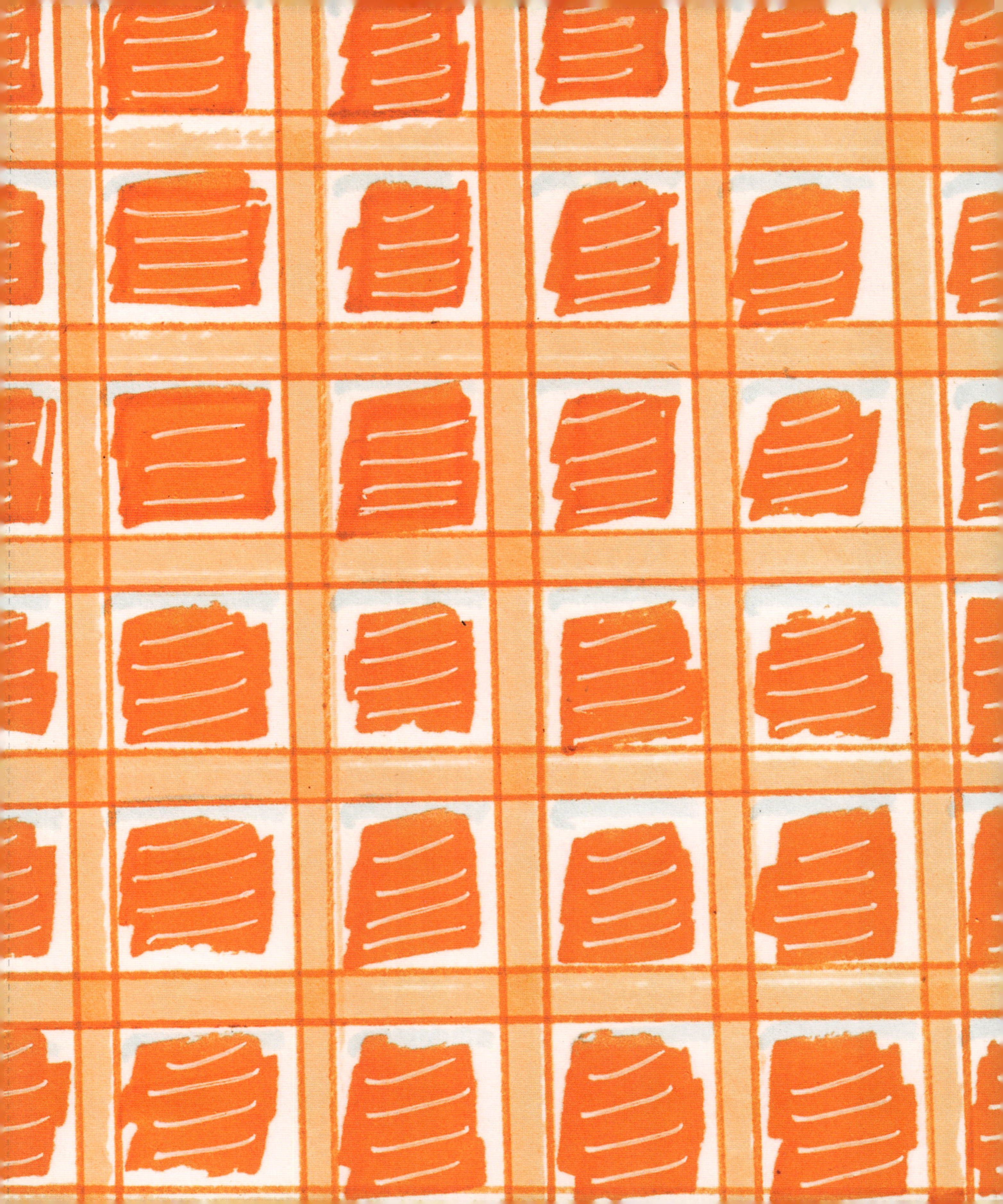

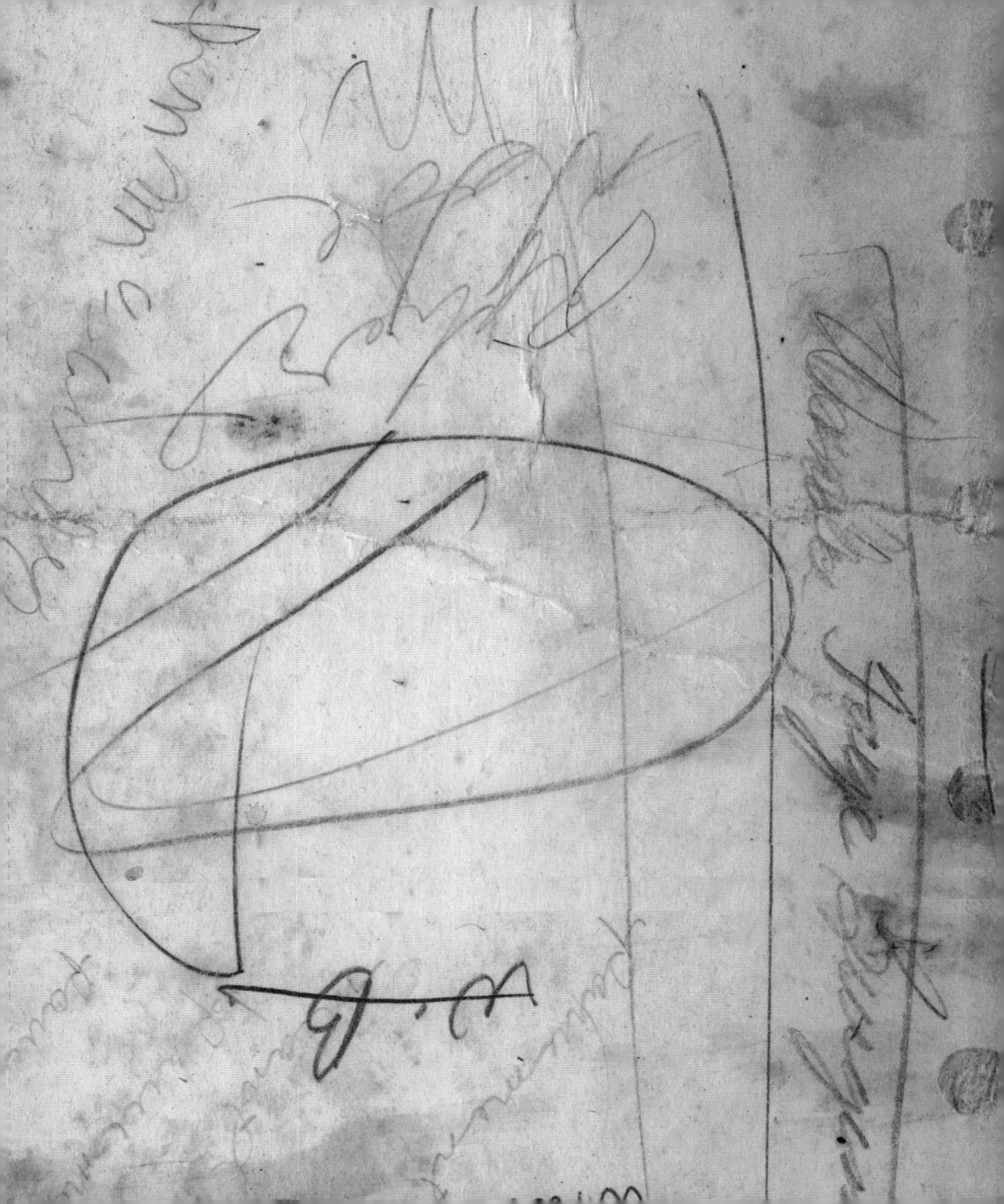